基督教文化研究丛书

主编 何光沪 高师宁

八编 第 2 册

历史与逻辑：逻辑历史学引论 (修订本) (下)

查常平 著

花木兰文化事业有限公司

国家图书馆出版品预行编目资料

历史与逻辑：逻辑历史学引论（修订本）（下）／查常平 著
-- 初版 -- 新北市：花木兰文化事业有限公司，2022〔民
111〕
目 14+ 194 面；19×26 公分
（基督教文化研究丛书 八编 第 2 册）
ISBN 978-986-518-691-3（精装）
1.CST：宗教哲学 2.CST：逻辑
240.8 110022048

ISBN-978-986-518-691-3

9 789865 186913

基督教文化研究丛书
八编 第二册　　　　　　　ISBN：978-986-518-691-3

历史与逻辑：逻辑历史学引论（修订本）（下）

作　　者 查常平
主　　编 何光沪 高师宁
执行主编 张　欣
企　　划 北京师范大学基督教文艺研究中心
总 编 辑 杜洁祥
副总编辑 杨嘉乐
编辑主任 许郁翎
编　　辑 张雅淋、潘玟静、刘子瑄　 美术编辑 陈逸婷
出　　版 花木兰文化事业有限公司
发 行 人 高小娟
联络地址 台湾 235 新北市中和区中安街七二号十三楼
　　　　　电话：02-2923-1455／传真：02-2923-1452
网　　址 http://www.huamulan.tw 信箱 service@huamulans.com
印　　刷 普罗文化出版广告事业
初　　版 2022 年 3 月
定　　价 八编 16 册（精装）台币 45,000 元

历史与逻辑：逻辑历史学引论(修订本) (下)

查常平 著

目

次

第四章　生命价值逻辑

物理主义产生的原由

把人类关于世界的逻辑图式分为物理学的与心理学的，也许是出于如下的原因：物理学在起源上背靠的物理价值逻辑是一切现成性价值逻辑相——生命价值逻辑与生理价值逻辑——的根基，由此将生命学（生物学）、生理学（动物学）纳入广义的物理学范畴；心理学作为一切生成性价值逻辑——社会价值逻辑与历史价值逻辑——的根基，使心理学延及了社会学与历史学。

由于物理价值逻辑相对其他现成性价值逻辑相的源始性，物理主义者将物理学当作全部科学的理想和终极尺度；物理语言这种科学的系统语言，是一种普遍语言，任何心理句子都能用物理语言来表达，任何心理事件、心理学的规律通过翻译可以转换成物理事件、物理学的规律。对物理主义者而言，只存在一种客体，那就是物理事件；只存在一种语言，那就是可证实性的物理语言。[1]

物理主义产生的原由，同人类在 20 世纪上半叶所抱有的物理学在一切科学中的神化观念分不开，或者说与人的价值论神化相关联。这种物理学的神化，在现象上似乎张扬了人的主体性，但实质上是对人的人性的非人化膜拜，因而是人性在远离终极背靠后的沉沦。由人的神化观念带出的物理学的神化，在根本上阻止了物理学的进步。物理主义的语言观，作为一种关于普遍语言的信仰表达，主要是由于 20 世纪以来语言的符号学研究及其泛化所致。不管心理学的句子与物理学的句子具有怎样的对应性，这都是在形式上的一一对应。在其所表述的内涵上，两者有质的不同：心理学的句子不可检验，物理

1　洪谦主编：《逻辑经验主义》，上卷，北京：商务印书馆，1982 年，第 475-477 页。

学的句子所指则可检验。卡尔纳普在"关于某一物理实体性质的句子"与"关于某个别人心理状态的句子"之间所做的形式的类比，只证明它们在句式上的一致性，绝不能认为两种语言可以互译。因为，它们不是对同一事件状态相同的描述，而是对不同事件的不同状态的相同句式的描述。关于人的心理的句子与关于一个事件的物理句子之间，有质的差别。卡尔纳普自己也意识到："一个关于别人心理的句子，从物理学上加以解释，就在原则上是不可检验的。"[2]不，即使是关于人自身的心理句子也不可检验。

物理语言与心理语言的差异

物理语言这种科学语言的典型形式，是一种对应性符号语言，每个能指在广义上都有相对应的所指，每个科学概念要求在物质自然界中有相对应的事件。理论物理学引入一些能够与事实（测量结果）相联系的数学符号，来理解各类现象。符号以严格的定义及公理的系统彼此联系，最后再用符号间的方程式表示自然规律。这些方程之解的无限多样性，对应于自然中可能出现的特殊现象的无限多样性。"这样，在符号与测量间有着关联的情况下，数学方案就代表了这类现象。"[3]物理学的进步，首先表现为概念的进步，一个新概念的引入或对旧概念的新解释，预示着科学革命的前兆。

然而，心理语言却是一种展示性的象征语言。这种语言，把人的心理状态展示在人的意识中。由于象征，人的心理状态与意识之间未必构成一一对应的关系，甚至有时连对应的可能性都不存在。象征语言，直接由能指生成所指，在能指与所指之间没有必然的对应性，更不存在必然的约定关系。心理学中的象征语言的所指，由人的所指在意识活动中被给与；在人的意识之先，没有一个现成性的所指需要能指去指示。这种现象，充分体现在语言的诗性表达中。

心理语言与物理语言的差别，不仅预示了心理学与物理学的差别，[4]而且指明物理价值逻辑与心理价值逻辑的相异。

---

2 洪谦主编：《逻辑经验主义》，上卷，第488页。

3 罗素：《人类知识的范围和界限》，张金言译，北京：商务印书馆，1983年，第113页。

4 科学家罗素如此区分物理学与心理学：前者研究大脑外的因果关系，后者研究大脑内的因果关系。两者共同以发生于大脑里的事件为研究对象。物理学家把原子归结为一系列事素，心理学家认为精神是借助于某些内在联系结合在一起的一系列事素。罗素：《宗教与科学》，徐奕春、林国夫译，北京：商务印书馆，1982年，第69、71页。

　　物理学与心理学的不同，一是其语言的言说方式的不同，一是其研究对象的差异。在它们之间，还间隔有生命学与生理学；在物理价值逻辑与心理价值逻辑之间，还有生命价值逻辑与生理价值逻辑两种价值逻辑相。物理价值逻辑的源始性，并不能使之成为一切现成性价值逻辑的替代者；心理价值逻辑在一切生成性价值逻辑相中的根源性，也没有让它充当后者的替代者。物理价值逻辑的展开，仅仅是展开生命价值逻辑、生理价值逻辑的始点，如同心理价值逻辑是社会价值逻辑、历史价值逻辑的研究始点一样。

　　生命价值逻辑在价值逻辑序列中的出现，基于物理价值逻辑的主观化意向和普遍价值的个别化要求。

　　在普遍价值的在下承诺中，物理价值逻辑仅仅作为个别性的价值逻辑相才有意义。它在上承受普遍价值的承诺，充当一切现成性价值逻辑的源始根基，为其他个别价值逻辑提供最源始的可能性。但是，仅仅有根基还不可能产生生命价值逻辑，正如大地这种物质性的在者不可能生出生命一样。生命价值逻辑的出现，必须来源于在上的普遍价值的在下承诺，来源于上帝通过生命张显自己的在的需要。

　　只是相对物理价值逻辑，普遍价值无从显明自己的普遍性。普遍价值只能在全体个别价值逻辑相的个别性中，它才是普遍的价值，才是个别价值逻辑相的个别性的普遍性的最后尺度。相反，生命价值逻辑相，唯有在承受普遍价值的在下承诺中，其生命性才能得以保证。在个别价值逻辑相之间，最多可能有其相互的依存关系，而不是承诺者与承受者的关系。所以，生命价值逻辑相的出现，完全是由于普遍价值为了实践自己的普遍性的结果，而不是由物理价值逻辑进化的产物。

第十三节　自然生命生长的逻辑

　　物理价值逻辑所指明的物质自然的受造性和被意识性，决定了物质自然的在的方式——被动承受普遍价值的在下承诺和人的意识的生成。物质自然在面对普遍价值的普遍性承诺者和人的意识中，生成自己的在性。正因为是被动承受，所以，物理价值逻辑是一种典型性的现成性价值逻辑相。

　　生命价值逻辑承受普遍价值的在下承诺，且将这种承诺的内容根植于物理价值逻辑。作为个别价值逻辑相，生命价值逻辑与物理价值逻辑之间没有根本的差别；作为两种个别的价值逻辑相，它们却显示出质的差异。

自然生命体

生命价值逻辑，是物理价值逻辑的主观化形式。说是主观的，因为它以主动生长自己的方式承受普遍价值的在下承诺。生命的生长本能，对人的存在本质言，当然是本能性的；对生命自身言，生长本能却是本质性的。它标志着生命价值逻辑的独特性。生长不同于在，自然生命体不同于物质自然体。物质自然在物质界中，被动地承受来自普遍价值与人的意识的双重规定性。这种规定性，在终极意义上统治着自然生命体的生长。不过，自然生命体这种自然的生命体，一方面表达了自然生命体根植于自然中的涵义，一方面又有在根植于物质自然中自我生长的本性。自然生命体从普遍价值的在下承诺中获得生命的生长性，同时将之根植于物质自然中，以生命时间为自己生长的相对有限时段。

生物界

生命价值逻辑的主体，是自然生命体。其在场方式为自然生命体临在于大地的生长。最低层面的自然生命体如植物的生命，集中体现出生命的生长本能，生命在以大地为临界面上下绵延时间的机能。个别的自然生命体，在大地上形成生物界。广义的生物界，包括植物、动物和人的世界。但是，在生命价值逻辑中，我们只考察生命的源始层次——植物界，而将动物与人让位于生理价值逻辑和心理价值逻辑。

自然生命体在何处生长？此问已经由自然生命体本身的自然性作出了回答。自然生命体在自然中、在物质自然界中生长。它又从何处获取自己的生长性呢？当然只有从普遍价值的在下承诺中、从上帝这个生命界的播种者身上。因物理价值逻辑是个别性的价值逻辑，它无能承诺生命的特性，无能作为其他个别价值逻辑相的个别性的普遍承诺者。物理主义者，由于只看到自然生命体与物质自然体的同一性，因而断言生命现象可以还原成物理现象。他们认为：生命只是物理化学过程的总和，它们组成一个连续不断的、互相依存的、自我调节、自我矫正的活的有机体。[5]有生命物质与无生命物质的区别，仅仅表现在化学组成与细胞结构上，有生命物质的一个基本特点为：其化学组成处于化学变化中。其他特点中最明显的，是同化作用与生殖作用。

---

5 罗素：《宗教与科学》，徐奕春、林国夫译，北京：商务印书馆，1982年，第105页。

这两种作用，使少量的生命物质在一定环境下其总量会迅速增加。物理主义者相信生命物质的每个特点能还原为化学，最后还原为物理学。[6]

　　物理主义者在强调生命与物质的同一性时，忘记了它们的根本差别性。纵然在生物界内各种自然生命体有进化现象，但最初的生命——或者说生命的遗传基因，毕竟不可能从物质自然界中自发地长出来。没有种子，就不会有植物；没有播种者，就没有种子。只有那作为普遍价值的承诺者的永生上帝，才使生命出现在物质自然之中。上帝说："让地生出青草、结种子的菜蔬、结果子的树，各从其类，并有种子在里面、在地上。"[7]上帝之言即基督。上帝言成生命，因为基督的上帝就是"复活与生命"；[8]是活到永远的那一位，"是阿尔法与俄米夏，是今在、昔在、将在的全能者"。[9]"因为如同圣父在其自身中有生命，祂也给与圣子在自己中有生命。"[10]唯有永生的上帝本身，[11]才给与物质自然界以生命。

生长性　在生命中生长

　　物质自然体与自然生命体之间的差别性，开出了生命起源问题的答案。大地只为生命的生长给出根基，只有有生命的上帝在大地上播种，生命才从大地中生起。一个播种生命树的自在永在者，因生命的出现而分身为生命的主宰。[12]生命树与上帝的生命、不朽相关。为了不让亚当伸手结生命树的果子吃以便跟上帝一样永生，上帝把他驱逐出伊甸园。[13]人的有限生命与上帝的无限生命从此分隔。最重要的是：生命树是作为生命的拥有者——上帝——播种在伊甸园中。生命来自上帝，又归于上帝。

6　罗素：《人类知识的范围和界限》，张金言译，北京：商务印书馆，1983 年，第 42-43 页。

7　《创世记》1：11，新詹姆士版《圣经》，1982 年，By Thomas Nelson,Inc..着重号为引者所加。

8　新詹姆士版《圣经》，《约翰福音》11：25。

9　新詹姆士版《圣经》，《启示录》1：8。

10　新詹姆士版《圣经》，《约翰福音》5：26。

11　新詹姆士版《圣经》，《申命记》5：26"永生上帝之声"，《帖撒罗尼迦前书》1：9"侍俸永生而真实的上帝"，《诗篇》42：2"我心渴慕上帝，渴慕永生的上帝"。

12　《创世记》2：9，新詹姆士版《圣经》，1982 年，By Thomas Nelson,Inc..

13　《创世记》3：22-24，新詹姆士版《圣经》，1982 年，By Thomas Nelson,Inc..

生长者

上帝言成生命，如同上帝言成天地万物一样。植物结果的本性和由此而来的生长性，是上帝之言的产物。上帝祂自己就是生命本身。上帝言成肉身的耶稣，以显明自己的存在；当历史的耶稣复活为信仰的基督时，上帝显明了自己永在的本性。这永生的生命本与父同在，[14]并借自然生命体的奇妙生长向我们显现，让我们在无法理解生命的奇妙中相信作为生命之主的上帝。而一切植物，不过是在向上仰望其创造者的生长者。

第十四节　生命价值逻辑的有限性

生命价值逻辑，以自然生命体为主体。在本源论上，自然生命体和物质自然体一样，不是一个现成性的、事实性的自然实在，而是由在上的普遍价值、终极差别的承诺者上帝在下承诺的。在存在论上，自然生命体作为生长性的生命现象，既在承受着上帝关于自己的规定性——生长性——中生长，又在面对人的意识而生长。自然生命体因上帝而有的被承诺性和因人而有的被意识性，标明生命价值逻辑的有限性。

普遍价值对生命价值逻辑的限制

在关于生命价值逻辑的起源的言明中，我们指出它是普遍价值的个别化形式。或者说，生命价值逻辑在价值逻辑序列中，仅仅是一种个别的价值逻辑相。生命价值逻辑的被承诺性，给与其主体——自然生命体的被承诺性和有限性。生命价值逻辑受制于普遍价值，并且必须从普遍价值获取自己的个别性。这种个别性，即生命价值逻辑主体——自然生命体——的生长性。既然承诺生命价值逻辑的普遍价值同样是被永生的上帝承诺的，那么作为承受者的生命价值逻辑就不可能等同于承诺者本身，等同于永生上帝本身；既然永生的上帝还承诺了其他个别价值逻辑相，那么生命价值逻辑就是有限的。它受承诺者的限制外，而且受其他个别价值逻辑相的限制。生命价值逻辑只有作为个别价值逻辑相中的一元，其个别性才有普遍性的依据。它只能在价值逻辑序列中显明自己的个别性。

14　《约翰一书》1：2。

人的心理意识的限制

在价值逻辑序列中，心理价值逻辑这种一切生成性价值逻辑相的源始形式，因其意识性而有普遍的个别性。心理价值逻辑，说到底是一种意识逻辑。它在意识到自己在意识之外，还要意识自己之外的一切现成性价值逻辑相，意识物理的、生命的、生理的价值逻辑的个别性。反之，生命价值逻辑，生长在心理价值逻辑的主体——意识生命体中。由生命价值逻辑所开起的自然生命体，仅仅为意识生命的存在而生长，同时向人显明生命创造者的永在。

关于生命现象生灭的逻辑

生命价值逻辑的有限性，指明了生命的起源和归向。从这种有限性中，我们推出生命现象的生灭性。生命价值逻辑，内含关于生命现象生灭的逻辑。任何物质界中的自然生命体，不只是在生命时间中其生长时段是有限的，在逻辑上，其价值也是有限的。只有在相对承诺者的上帝和人的意识中，生命价值逻辑主体的生长性才有普遍的根据。自然生命现象植根于物质界中，不是由于有生就有灭，因为从生的必然性中不能推出灭的必然性。恰恰相反，从生的必然性中得出的是永生的必然性。至于生命现象为什么有生灭的特点，只能从其所在场的生命价值逻辑的有限性中去寻找。按照生命价值逻辑有限性的原则，自然生命体的生长性因为来自于永生的上帝，同时在其他个别价值逻辑相的主体中生长。这样，由自然生命体延伸出的生命现象，就不可能是不灭的永生上帝。否则，其他个别价值逻辑相的主体又何以出场呢？永生上帝又何以标明自己的唯一永生性呢？

自然生命的被意识生成性

在物理价值逻辑面前，生命价值逻辑主体尽管是生长性的，它根植于物质界而生长。但是，相对以心理价值逻辑为源始形式的一切生成性价值逻辑相，生命价值逻辑依然属于现成性价值逻辑相。其现成性，体现在它的被意识生成性中，体现在自然生命体在被人意识中生长的本性。对自然生命体言，柏格森说："没有什么业已成就的事物，有的只是正在生成的事物；没有什么自保的状态，有的只是变化的状态。……全部实在就是努力"，[15]就是面向上帝的生长和面向人的意识生成。

---

15 洪谦主编：《西方现代资产阶级哲学论著选辑》，北京：商务印书馆，1964 年，第 146 页。

作为人类先验共同性的生命

人在意识到自然生命体的生长中，意识到自己属于生命的生长者。生命为每个人所有，为过去、现在、未来的人类所有。生长的权利，不仅仅是人的自然权利，而且是一切生物的基本权利。但是，生长权不是人的基本权利，否则人就降格等同于生物了。倡导生长权为人权的人，混淆了生命价值逻辑与心理价值逻辑、生物与人类的区别。人类所有的生命现象，仅仅意味着人是一切自然生命体的意识者、管理者，并不能得出人是从生物进化而来的结论。生命是人类先验的共同性，它在人的经验中在先地被经验，在人的意识中最终达成自己的生长性。

人的本能性

从生命价值逻辑与心理价值逻辑的相关性中得出的人的本能性，带着一切自然生命体的生长本能和结果本能。只有生长而不结果，自然生命体不可能依从其类地再生长，也不可能形成自己独特的类性，即作为表达个别性生长者的类——自然生命体。

作为生命共同性之自我

生长本能和结果本能，通过人的肉体生命的生存延续得以实现。人在肉体生命的生存延续中，体会到自己作为生命的自我的存在。人在生命中，在生命界中，且从属于生命界。他是生命界的管理者而不是主宰，他替自己的创造者管理创造者的创造物——一切自然生命体。通过这种管理自然生命界的活动，人意识到自己生命的起源、自己的生命的最终价值。人意识到自己同一切生命现象一样的生命有限性、受造性。"我们经过的日子，都在你（创造者上帝——引者注）震怒之下；我们度尽的年岁，好象一声叹息。我们一生的年日是七十岁，若是强壮可到八十岁；但其中所矜夸的，不过是劳苦愁烦，转眼成空，我们便如飞而去。"[16]

第十五节　生命价值逻辑的意义

生命价值逻辑的有限性表明：生命价值逻辑，既受普遍价值的限制，又

---

16 《诗篇》90：9-10。

受个别价值逻辑相尤其是人的心理意识生命的限制。限制者给与被限制者以意义，被限制者在限制者的限制活动中生出意义。生命价值逻辑有限性的探究，主要是从普遍价值的在下承诺和人的心理意识两方面规定该逻辑相。其结论为：生命价值逻辑的在场者是自然生命体，其在场方式为生长，其场所为物质自然界。因此，生命价值逻辑，可以理解为自然生命体生长在物质自然界中所呈现的个别价值逻辑相。

对普遍价值的承诺者的昭示

从生命价值逻辑的有限性的探究中，我们已经明白了从何种角度展示生命价值逻辑的意义的方式。生命价值逻辑，一方面承受了普遍价值的在下承诺，一方面为人的心理价值逻辑在价值逻辑序列中的出现预备了生命界的场所。所以，生命价值逻辑的意义，指向心理价值逻辑的承受者——人，同时指向承诺自己的个别性的普遍价值。它是把人引向普遍价值的承诺者、昭示上帝存在的中介。

在生命价值逻辑中，上帝为什么存在？因为祂是永生的上帝，因为上帝的永生承诺了生命。上帝在自己的言中创造了植物，并在其中给与结果本能与生长本能。言成世界在生命价值逻辑中具体化为言成生命，上帝借助自己之言给与植物以光合作用的光源体。上帝说："要有光"，[17]于是光就出现了。以植物为基本层次的生物界的生长结果本能，最终只能从上帝之言中去寻找答案。上帝承诺自己与一切承受者的差别，这种差别，即有限的被创造者和无限的创造者之间的终极差别。自然生命作为一种创造的形式，当然同其创造者有终极的差别。终极差别将普遍价值与作为个别价值逻辑相的生命价值逻辑差别，从而才有生命价值逻辑主体——自然生命——的生长性。由自然生命体的有限时段性，能够回溯到承诺现在的现在性的承诺者的无限时段性——上帝的永生性。因为要是自然生命体等同于上帝了，那么其他个别价值逻辑相的主体和个别时间相将不可能被承诺。

从承受者与承诺者、生命价值逻辑与普遍价值的关系中，我们发现承受者对承诺者的依靠、生命价值逻辑对普遍价值的承诺者的昭示。这种昭示活动，最终把生命价值逻辑的意义引向上帝和人的存在。

---

17 《创世记》1：3。

相对上帝，生命价值逻辑是普遍价值的生长者；相对人类，它是人的心理意识的被生成对象之一。生命价值逻辑生长在由普遍价值在下承诺的价值逻辑序列中，从人的心理价值逻辑的意识活动中获得自己的生长性。

人意识到自然生命体在物质界中生长，但这种意识区别于人对物质自然本身的意识。人以自己的生命直接体验自然生命体的生长、结果。正是体验，把人同自然生命体联结起来。

体验是人意识自然生命的方式

体验一词最早出现在黑格尔的一次旅行笔记中，"我的整个体验"。19世纪70年代，它广泛地被运用于传记文学，因为传记文学是对人生状态的体验。体验在词源上同经历这个词有关。歌德用"经历"指"发生的事情还继续生存着"。19世纪的文学家与艺术家认为：传记的本质，在于从人的生活、人的生命出发去理解他们的作品，从而需要传记者对被传记者的生活、生命历程加以体验。1905年，狄尔泰将一本关于歌德的书命名为《体验和诗》。狄尔泰的体验概念，内含经历和结果两方面。他使用这个概念，目的是为过去的精神创造物、艺术、历史以及那些被给定的历史留存物的存在辩护。人通过内心领会深入逝去的东西，通过体验把过去的东西带回现在、铸成感知的统一体。生命在这种体验活动中被创造。[18]

不过，狄尔泰及其后的伽达默尔，都在人经历其精神创造物的意义上使用体验一词。从体验一词的发展史，可以看出它与生命的联系。在人意识物质自然体的时候，它就在意识者面前，其相对的稳定性使意识活动在人的心理时间中带有恒定性。然而，对自然生命体而言，人的意识意识着的是一个在生长的对象。人必须在意识自然生命体中意识到它的生长、变化，随其体验生命的活动。只有通过人的体验，自然生命体才能被自觉为在生长的生命体。

人的生命体验，当然不只是对其同类生命成长的体验，而且是对一切生命体本身的体验。自然生命体在被人的体验中，实实在在地呈现出生命的奇妙。自然生命现象因人的生命体验而活现为生命的自然现象。人如果要真正理解生物界，唯一的办法是体验生物界的主体——自然生命体的生长性。其结果，广泛存在于文学、艺术作品中。

---

18 H. G. 伽达默尔：《真理与方法》，洪汉鼎译，上卷，上海：上海译文出版社，1999年，第77-90页。

体验把生物界中逝去的东西带回现在中，把生长着的自然生命体带到人的意识活动中。它是人意识生物界的方式。

生命价值逻辑的生理化

生命价值逻辑的被体验性，以人的心理意识生命的存在为前提。在生命价值逻辑与心理价值逻辑之间，自然生命体还必须分身凸现为肉体生命体，以大地为临界点的生长活动还需要主动承受普遍价值的生理价值逻辑主体——肉体生命体——的横向的、以大地为临界面的生存活动。假如自然生命体直接转化为人的意识生命体，假如普遍价值在承诺生命价值逻辑后立即承诺关于人的心理价值逻辑，那么人的存在就不可能在横向活动中开起。纵然有生命价值逻辑主体的生长，人也无法从纵向的时间绵延中摆脱出来，由此根植于大地上的某个时点，囿限于一个相对狭小的活动范围，不可能在横向绵延时间中实现时间的内向绵延。所以，生命价值逻辑必须生理化。

人类关于生命世界共同性的规定

在价值论上，由生命价值逻辑主体呈现出的生长本能和结果本能，是人类关于生命现象的先验共同性规定。所有的自然生命体，无不具有生长性的共同性。不生长的东西没有生命，永远生长的东西同样不是生命。自然生命体在生长本能之外，还有结果本能。在生命时间内的生长者，当然遵循生命现象的逻辑，遵循结果本能。自然生命体的结果，既是同一生命体的再生，又是它的死亡。

人类通过对自己的生命成长的体验，意识到生命现象的生长性。其实，无论个人是否意识到自然生命体的生长与否，个人的生长和自然生命体的生长，依然按照普遍价值的在下承诺显现在物质自然界中。人类在体验自己的生长中，体验到自然生命体的生长结果。

第十六节　生命学

生命学与生物学的差别

广义的生命学，以一切生命现象为研究对象。生命现象包括植物生命、动物生命及人的生命。凡是生物界中的自然生命体，都是生命学的考察范围。

在逻辑上，生命学可以定义为研究自然生命的结构及其活动方式的自然科学。生命学因此又被命名为生物学。以生物学定义生命学，重点在生命现象与物质现象的联系，即自然生命体与物质自然体的相关性方面。断言活物只是一种物理化学机制的生物学家，就属于以生物学命名生命学的人。至于以生命学言说生物界的方式，主要是站在物质自然体与自然生命体的差别性的基点。生命现象作为自然现象尽管在宏观上不得不遵从后者的规律，在微观方面，生命现象有自己的特性、自己的生长方式。价值逻辑论强调个别价值逻辑相的差别性的同时，也不回避它们的相关性。对个别价值逻辑相，其差别性的功用更胜于相关性。所以，价值逻辑论采用生命学的学科定义。

关于生命现象的逻辑图式

生命学是人类关于生命现象的逻辑图式。这里所说的生命现象，主要指以植物为代表的源始生命层面，不包括动物生命和人的生命所显示出来的生命现象。生命根植于大地，在生命时间中以纵向绵延为自己的时间绵延方式。由物理时间分身凸现来的生命时间，后景置入了物理时间的横向的、内向的两维度，其前景开出纵向的或上下的时间绵延方式。由于任何个别自然生命体必须根植于物质界，从上吸取光、从下吸取养料，因而以植物为代表的源始自然生命体在空间占有上是有限的。每个个别自然生命体，占有以自己的根为中心的相对有限空间。个别自然生命体的空间位置改变，往往取决于外力的作用。在没有外力作用下，个别自然生命体因其共同承受了普遍价值的在下承诺而呈现出共性。个别自然生命体之间，通过物种携带的特有语言同异类或同类沟通。生命现象的特点之一，就是信息交流。"每一种生命形式都用这种或那种信号，对周围的其他生物宣布它在近处，向来犯者划定界限，或向潜在的共生者散发出欢迎的信号。总的效果，是形成一种调节生长速度和领土占领的协调机制。"[19]

由个别自然生命体发出的生物语言，在根本上指向其生长本能和结果本能。此外的意义，都是人想象出来的，或是人关于自身的一些方面强加于生物本身的结果。由于人也是赋有生命的存在物，因而在对自然生命体的观察中，很容易借助体验将自己关于人生的经历附加到生物身上。

---

19 刘易斯·托玛斯：《细胞生命的礼赞》，李绍明译，长沙：湖南科技出版社，1995年，第35页。

生命学的起源

根据价值逻辑论，生命学的起源是基于两方面的原因：生命学的对象的在先存在和研究这种存在的人的存在。自然生命体生长在物质自然界中，最初源于普遍价值的承诺者——上帝的言成生命的应许。上帝应许生命以自我生长、繁殖的本能，应许物质自然中的自然生命体以生长本能和结果本能。这使生命学的对象区别于物理学的对象，同时在研究方式上也使生命学不同于物理学。

人诚然要对自然生命界加以意识，但这种意识的对象，不是一个死物而是一个跟自己一样在生长的活物。这样，人意识生命现象的方式，不是经验性的而是体验性的。经验以经验对象的现成性之在为前提，体验却在体验活动中构成对象的在。不仅体验对象在体验活动中被生成了，而且体验者由于内在参与体验活动同时被生成了。正是这个原因，广义的生命学，不得不以人的生命活动为研究对象。

生命学的科学性

以上便是对生命学的起源的言说。当然，这种价值逻辑论的言说，无意取代生命学家关于生命现象展开的具体探究和阐明。人类只有依靠生命学家，才会最终揭开生命世界的奥秘。生命学独特的起源方式，决定了生命学作为科学的尺度。通过经验的观察、实验，人类只能得出关于生命现象的外在知识而无法深入生命体的内部。但是，在体验的帮助下，人或许能部分获取生物界中的自然生命体的内在知识。至于个别生命体如何以一种生命形式发生功用，这也许只有创造生命的创造者才能完全知晓。因为生命学面对的对象，不是一个物质自然体，而是一个生长着的自然生命体；不是一个稳定性的结构体，而是一个变化的生成体。"生物体是开放系统。生物体的构成物质处于不断流动中，并与周围的物质不停地交替。"[20]

人类与生命的关系

生命价值逻辑论除了探究生命学的起源外，还涉及人类与生命的关系问题。生命学这门自然科学本身，就显示出其研究者——人类——与其研究对

---

[20] 坂田昌一、近藤洋逸编：《哲学 VI 自然的哲学》，东京：岩波书店，1971 年，第307 页。

象——生命——的关系。人类在体验生命现象中体验到自己作为生命的存在，并与一切自然生命体具有生长、结果的本能性。但人不仅仅是生命存在者，它还是一切自然生命体的差别性的观念给与者。人的生命价值，在于他能越过生命价值逻辑走向生理价值逻辑，从而最终完成对一切价值逻辑相的差别性的规定。

人的生命价值　人类关于生命现象的知识论

生命学在起源论上，是人关于生命现象的差别性言说。不过，这种言说的根据不由人给与。自然生命体之间的差别性规定，基因的遗传与变异规则、细胞的代谢等，其普遍的规律性来自于自然生命体的创造者。正是言成生命的所言者，在个别自然生命体中置入了生命的内在规则。人类在生命学中，最多扮演的是一个发现者的角色。这种关于自然生命现象的知识集合，形成人类关于生命现象的知识体系。它向人类打开的是生命现象作为个别价值逻辑相在普遍价值中的逻辑图式。人的生命价值和他对生命学的贡献，体现在他对生命现象的差别性的规定上。

第五章　生理价值逻辑

生命价值逻辑在三方面超越了物理价值逻辑：生命价值逻辑主体为自然生命体，物理价值逻辑主体为物质自然体；前者的在场方式为生长，后者为在；前者的场所为物质自然界，后者为普遍价值或由普遍价值在下承诺的其他个别价值逻辑相。生命价值逻辑，主动纵向承受普遍价值的在下承诺，其主动性表现在它的主体的生长性、结果性。其纵向性，指由生长开启的上下绵延时间维度的方式。物理价值逻辑，被动体向承受普遍价值的承诺。说它是被动的，因其主体在承诺中的不可更改性即以在的方式在场；说它是体向的，因物质自然体无不在上下、左右、内外的时间维度中。然而，超越并不意味着否定，更不是一种价值逻辑在更高层次上的展开。超越来自所有的个别逻辑相之上，来自普遍价值实践自己的普遍化的需要。在个别价值逻辑相之间，有超越的现象而没有超越的动力。

生命价值逻辑的生理化

生理价值逻辑在价值逻辑序列中的出现，根源于生命价值逻辑的生理化和普遍价值的生理化。

生命价值逻辑主体的生长性，打破了物质自然体被动承受普遍价值的方式。纵然在终极意义上生命价值逻辑带有一切个别价值逻辑相的有限性的特点，但至少生命价值逻辑相比物理价值逻辑呈现出更多的生成性。既然自然生命体能以上下纵向绵延时间的方式生长，那么在物理时间中的左右横向绵延时间的方式，为什么又不能分身凸现出生理时间的在场者——肉体生命呢？既然物理价值逻辑的意义在于让生命价值逻辑主体根植自身，那么生命价值逻辑的意义就在于让生理价值逻辑主体根植于自身。

普遍价值的生理化

由生命价值逻辑的生理化带来的生理价值逻辑，使生命在更高层次上实现了自己的生长本能和结果本能。这种更高的层次，展现为生命以大地为临界面的左右生存活动。源始自然生命体所有的生长本能与结果本能，在生理价值逻辑中对象化为肉体生命的生存本能与延续本能。在关于个别价值逻辑的言说中，最应该注意的是：不能因为一种个别价值逻辑同另一种个别价值逻辑存在分身关系而误认为它们彼此之间有进化关系。生命价值逻辑这种价值逻辑序列中的个别相，因为是个别的而无能承诺生理价值逻辑。它是普遍价值的承受者而非承诺者本身。生理价值逻辑出现在价值逻辑序列中，完全是由于普遍价值的在下承诺所致。当然，普遍价值，在生命界中承诺生理价值逻辑主体——肉体生命的生存。普遍价值的承诺者上帝以言成动物的方式，最初创造了生理价值逻辑的主体——肉体生命体。上帝说："水要多多滋生有生命的物，要有雀鸟飞在地面以上，天空之中。"[1]上帝赐福祂的创造物，给与它们以生存和延续本能。[2]又说："让地生出有生命的物来，各从其类；牲畜、昆虫、野兽，各从其类。"[3]上帝借助自己的言说，把动物从大地中生起。上帝的创世在生理价值逻辑相中，对象化为言成动物的创造性历程。

上帝为什么能够创造动物？因为祂本是一个有生命的活物，一个在世界中来往的圣灵。上帝呼出祂的灵，它们便受造，让大地更换为新。[4]通过承诺生理价值逻辑的主体——肉体生命，上帝创造了动物，并在动物身上置入生存本能与延续本能，让动物不至于在生命界中灭绝。这即是生理价值逻辑承受普遍价值的过程。在这个意义上，生理价值逻辑主体的诞生，意味着生理价值逻辑在价值逻辑序列中的问世。从此，世界的逻辑图景又多了一相：生理价值逻辑。这为人的心理价值逻辑预备了活动性的伴侣。

1　《创世记》1：20。

2　《创世记》1：22。

3　《创世记》1：24。

4　《诗篇》104：30。

第十七节　肉体生命生存的逻辑

　　生命价值逻辑的被体验性，指示了它的意义来自被体验者的给与。生命价值逻辑，还不能直接从人的心理意识中获得生长的规定性。间接通过生理价值逻辑，从而最终在普遍价值承诺心理价值逻辑后，生命价值逻辑的个别性才显明出来。

肉体生命体

　　生理价值逻辑的在场者为肉体生命体，其在场方式为生存，其场所为自然生命界。

　　同自然生命体一样，肉体生命体不是一个现成性的实体，而是一个生存性的结构体。和自然生命体不同之处在于：肉体生命体，作为能动承受普遍价值的在下承诺的承受者，它以横向的、左右的时间绵延方式展开生存活动。肉体生命体，不再像自然生命体那样，是一个时点性的生长者，而是一个以大地为活动场所的生存者。当然，由个别自然生命体构成的生命界，依然构成肉体生命生存的空间。其关系正如诗人穆旦写道：

我歌颂肉体：因为它是岩石

在我们的不中肯中中肯的岛屿。

……是在这块岩石上，成立我们和世界的距离

是在这块岩石上，自然寄托了它一点东西

风雨和太阳，时间和空间，都由于它的大胆的网络而投在我们怀里。

但是我们害怕它，歪曲它，幽禁它；

因为我们还没有把它的生命认为我们的生命，

还没有把它的发展纳入我们的历史，

因为它的秘密远在我们所有的语言之外。

——《我歌颂肉体》，1947[5]

5　穆旦：《穆旦诗文集1》，北京：人民文学出版社，2018年，第271-272页。本诗写于1947年10月，西方社会正进入现代时期。后半段或许就是后现代社会"身体学"兴起的原因。

动物界

　　肉体生命在物质自然生命中生存。物质为肉体生命提供栖居的处所，但无生命的物质不可能成为肉体生命的直接养料，只有自然生命体或植物界本身，只有内含生命的各种植物，才给与肉体生命以生存的原料。肉体生命在生存活动中生成为肉体生命体。众多的个别的肉体生命体构成动物界。[6]动物界以活动性为根本特点。这种活动性，即肉体生命为了生存延续在大地上的行动，由此生成个别的生存者。生存者的本质是生存。它在承受普遍价值的在下承诺后，能动地在物质自然生命界中构筑自己的生存空间。由于肉体生命体生存空间的不定性，在动物界中才出现了弱肉强食的生存竞争现象。对个别的生存者，所有的物质界都是它的生存世界或生存家园。

生存性

　　生理价值逻辑主体——肉体生命体——的活动性或生存性，使之有别于其他现成性的、物理价值逻辑主体——物质自然体和生命价值逻辑主体——自然生命体。肉体生命在生理时间中生存，如同物质自然在物理时间中持守自己的在性和自然生命在生命时间中生长自己一样。不活动的肉体生命不是肉体生命，不打破时点性的上下绵延时间维度的肉体生命也不是肉体生命。肉体生命这种生命现象，绝不能仅仅限于在某个时点中的主动生长，重要的是在自己的生存性活动中创造自己的生存空间。那些移动艰难的动物，在地球上灭种的原因在于没有坚持住自己从普遍价值得到的生存性，即肉体生命作为生理价值逻辑主体的个别性。

6　"'动物'（animal）在希腊的意义上不是指'野兽'，而是任何'有生命的存在'（animated being），包括魔鬼、诸神、有灵魂的星宿——乃至于有灵魂的整个宇宙（参 Plato, Timaeus 30C）：把人置于这个尺度并没有任何'贬低'人的意思，而在它的现代意义中，这个'动物性'的幽灵鬼鬼祟祟地溜走了。实际上，对于海德格尔而言，这种贬低存在于把人置于任何尺度之中，也即置于自然的背景之中。基督教把'动物'贬低为'野兽'，这确实使得这个术语只有在与'人'的对照中才可用，这种贬低仅仅反映了与古典立场之间的更大分裂——通过这种分裂，人作为独一无二的不朽灵魂的拥有者，完全地站到了'自然'的外面。存在主义者的论证是从这一个新的基础出发的：它通过运用'动物'在语义上的模糊性轻易地达到了自己的论点，但却由此掩盖了这种模糊性赖以产生的这种基础的转换，并且没有触及它表面上与之争论的古典立场。"汉斯·约纳斯：《诺斯替宗教》，张新樟译，上海：上海三联书店，2006 年，第 309 页。

自然生命体的在场方式是根植于物质界中的生长，肉体生命体的在场方式为根植于生命界的生存。放弃生存活动而退化为植物似的生长活动，对任何动物无疑是自杀。普遍价值在下承诺给生理价值逻辑主体的个别性，体现在它的生存性中。正是这种生存性的活动，把一切动物从植物中差别出来，使一切动物在生理价值逻辑中成为普遍的个别性生存者。肉体生命体，由此具备了自己的价值逻辑性——自己区别于其他个别价值逻辑相主体的个别性。

在肉体中生存 生存者

生理价值逻辑主体，以能动承受普遍价值的在下承诺为生存方式。其能动性体现在肉体生命的自我生存活动中。和人的意识生命相较，肉体生命体照样是人的心理意识的对象，照样带有物理价值逻辑主体与生命价值逻辑主体的现成性。这种现成性，区别于一般意义上的事实性，指个别价值逻辑相在价值逻辑序列中的关系。因为物理的、生命的、生理的诸价值逻辑相，无能意识到自己的个别性，而是被人的心理意识所意识的对象。作为现成性的价值逻辑相，物理价值逻辑的在性、生命价值逻辑的生长性以及生理价值逻辑的生存性，无不在人的心理意识中被生成。因其自己不能生成自己而具有现成性的特征。正是由于现成性价值逻辑主体的现成性，注定了它们同人的根本差别。这种差别体现在：人必须自己生成自己的存在而不仅仅是在他人的意识中生成自己的存在。人的不确定性，恰恰是人优越于其他现成性价值逻辑相主体——物质自然体、自然生命体、肉体生命体——的原因。人是一个开放的、可能的存在物，他依据自己在文化、语言、书写、文本中的活动，把自己从有限的人生中替换出来，在虚无地平线上树立自己存在的墓碑。正因为人是非特定化的，他可以按照外部条件的变化和内在的需要任意地设定自己。他能够自由创造以弥补自己的缺陷。他天性中的不定性，使他必须发展为一种自由创造的存在物。他和一切动物一样没有特定的生存空间，因而在地球上的任何地方能够得到繁衍的机会。人的特定化程度越高，他应付变化的能力就越小，灭绝的可能性就越大。"人，实际上只有人，才有不同于一切别的动物的结构。与人相比，动物作为特定化了的本能的造物，都是相似的，而人却靠一种新的能力生活。"[7]普遍价值在下承诺生理价值逻辑主体

---

7 M.兰德曼：《哲学人类学》，阎嘉译：贵阳：贵州人民出版社，1988 年，第 200 页。

以生存延续本能，规定了动物的生存可能性。同时，在由人的意识生命生成的心理价值逻辑中，个别价值逻辑相的主体承受了完全的生成性。

人的心理意识生命的非特定化，是人能够在价值逻辑论中意识到各种个别价值逻辑相的个别性的条件。这种意识的结果，把在肉体中生存的生命规定为个别的生存者。它活动于物质界与生命界。所以，生理价值逻辑，无非是人关于生理世界的逻辑。

第十八节　生理价值逻辑的有限性

价值逻辑论从两方面言说个别价值逻辑相的有限性：一是它的承诺者，一是它的意识者；即从个别价值逻辑相与普遍价值的关系和个别价值逻辑相之间尤其是相对其中的心理价值逻辑的关系两方面。

普遍价值对生理价值逻辑的限制

生理价值逻辑在价值逻辑序列中的生起，尽管有物理价值逻辑给出的物质自然界的根基、有生命价值逻辑应许的自然生命界的场所，但它离不开普遍价值的在下承诺，离不开普遍价值在价值逻辑序列中对个别价值逻辑相的个别性的普遍设定。既然生理价值逻辑主体——肉体生命体的主体性、其在场方式的生存性、其在场场所——自然生命界无不受制于普遍价值的在上给与，那么生理价值逻辑本身对普遍价值当然是有限的，前者只能从后者承受普遍的个别性差别，前者仅仅是后者的个别相。

人的心理意识的限制

生理价值逻辑在何处显明自己的个别性呢？它既然已经承受了普遍价值的在下承诺并远离了普遍价值成为价值逻辑序列中的个别相，所以，正是在个别价值逻辑相之间的相互关联中，在生理价值逻辑与超越其上的心理价值逻辑的相关性中，其个别相才生成为具体的不可替代的价值逻辑相。

生理价值逻辑被人的心理意识生命经验，使之拥有经验性的规定性。人在肉体生存中和一切肉体生命体一样，经验到肉体生存作为肉体生命、作为自然生命体的有限性，经验到肉体生存的生理时间性。心理价值逻辑主体——意识生命体，正因为超越于生理价值逻辑主体——肉体生命体——之上，才不得不受制于其超越对象的限制。但是，任何来自个别价值逻辑相的限制都是有限相对的，因为该限制者是个别的。只有源于普遍价值的限制，才是绝对的、无可回避的。所有个别价值逻辑相，因其承受普遍价值的在下承诺，必然在相应的时间相中持守自己的个别性。它无力越过自己的有限性代替普遍价值本身，更无力越过普遍价值代替它的最终承诺者——上帝。

关于肉体现象生死的逻辑

生理价值逻辑的被经验性，给与人同动物相通约之可能性。人在经验自己的生存本能与延续本能中，经验到肉体生命体的个别性。生理价值逻辑的有限性，是关于肉体生死的逻辑，或是关于生死现象的逻辑。肉体生命体的生存本能与延续本能，在价值逻辑序列中是同时被普遍价值在下承诺的，是关于一切生理价值逻辑主体的个别规定性。肉体生命要生存，但作为个别生存者没有永远生存的权利，否则肉体生命就等同于永生的普遍价值的承诺者了。如果这样，如果等同意味着等同者双方相互的等值平权，那么普遍价值还能承诺其他的个别价值逻辑相吗？如果不能，普遍价值又怎么能够在承诺一元的价值逻辑相中显明自身的普遍性呢？

肉体生命的被经验生成性

从普遍价值同时承诺肉体生命的生存本能与延续本能中，我们得出肉体生命这种个别的生命现象的生死共同显现于生理时间的结论。个别肉体生命体，必须以个别的而不是普遍的方式生存，它就得以同样的方式延续，同样以死的方式延续生的可能性。这里，生死这种生理价值逻辑主体的有限性逻辑，只不过是个别生存者在生理时间中所占取的相对有限时段的活动。死亡伴随一切肉体生命体，如同生存离不开它们一样。死不是发生在生理时间的一个时点上，而是同生存相伴的对一个相对有限时段的索取。生死由个别生存者同时展开在生理时间中。人以自己的生命历程，经验一切肉体生命的生死疾苦。这种由人的心理意识生命给出的、生理价值逻辑主体的被经验性，乃是人先天禀有的权利。人的先验共同性——由人的生存本能与延续本能所显现出的人的动物性、人的身体的有限性，是人和动物相交通的条件。但是，人和动物的差别在于：人能够放弃自己的个别性而沦为肉体生存的动物，动物却无能成为人类社会生活的主宰。在个别价值逻辑相中，只有心理价值逻辑相对生理价值逻辑的超越性，相反的道路却不存在。

作为人类先验共同性的肉体

动物以生存本能和延续本能为自己的个别规定性，因此动物所经验到的世界，必然是一个以肉体的生存延续为主题的世界。动物的意识，最多是关于如何更好地生存延续肉体生命。"动物的行为受自然的本能指引，所以动物能被关在子宫中度过一长段时间，在子宫中，本能的组织通过纯生物学的过程达到成熟。"[8]生存本能和延续本能，使动物的生命特定化，使动物只知道与自己相关的世界。动物的感觉器官，只允许在维持生命上有意义的东西，而不让动物不需要知道的任何东西通过。个别动物在整体上，只具有与其生存延续需要相称的知识。世界在动物眼中是支离破碎的猎物。动物的本能需要，决定了它的行为图式和感受世界的方式。世界先验地被框定在和生存延续活动相关联的范围内。动物依据自己的感受器过滤外在世界，截留那些与自己的生存相关的东西。跳蚤的世界，就是由光线、气味、温度三种刺激物组成的可怜的结构。任何来自世界的刺激，对动物只是一个信号而非能指与所指分隔的符号，更不是能指与所指等同的象征。人的意识生命，却是开放性的、非特定化的。它从零度开始成长、吸收。人依据我思独立地决定自己的行为，依照我爱选择、应用世界，依据我为在世界中展开生命活动。人不仅意识与自己的生命、生存需要相关的东西，而且以与自己根本无关的东西为意识对象。他为意识而意识，为了明晰世界本身的图式而意识。因此，世界对人是中性的、全面的。[9]

人的动物性

这只意味着心理价值逻辑主体与生理价值逻辑主体的超越关系而不是人从动物进化来的依据。动物是个别的生存者，属于个别价值逻辑相的主体的一部分。个别者的有限性，或生理价值逻辑的有限性，注定它必然作为承受者而不是承诺者。动物的生存本能和延续本能，来自其上的普遍价值的承诺，它还有什么可能性在设想的进化过程中去应许人的个别规定性呢？

---

8 M.兰德曼：《哲学人类学》，阎嘉译，贵阳：贵州人民出版社，1988 年，第 206 页。

9 关于人与动物在认识、感官上的差异，详见 M.兰德曼：《哲学人类学》，贵阳：贵州人民出版社，1988 年，第 210-223 页。同时，参见刘易斯·托玛斯关于独居蜂在产卵前的本能行为的描述：独居蜂把一个从天上猎取的毛毛虫放在产卵用的洞穴口，自己进洞检查。若人反复移开毛毛虫的位置，它也将重复把毛毛虫安放在原处，又入洞检查。刘易斯·托玛斯：《细胞生命的礼赞》，李绍明译，长沙：湖南科技出版社，1995 年，第 79 页。

誠然，人是在肉體生命界中根植，但根植者不是被根植的對象。它只能來自個別價值邏輯相之上的普遍價值本身。人類在生理結構上的共同性，和在這方面呈現出來的與動物的生理結構在功能上的差別性，讓人成為一個與動物差別的類。作為心理價值邏輯主體的對象，人不只是物質自然體、自然生命體、肉體生命體，而且還是個別的意識生命體。物質、生命、肉體，僅僅為人的超驗成長給與了條件。

作為生理共同性之自我

人在經驗動物的肉體生命中，經驗到自己和肉體生命的相關性即他的身體性。儘管由於人的心理意識帶來了他同動物的差別，但人的存在依然以肉體生命為前提。人在肉體中存在，這不意味著肉體的生存即人的存在，也不意味著人的存在要否定自己的肉體生存性。和動物一樣具有生存延續本能的人的身體，在生理上是人的自我共同性的體現。自我在人的肉體生命中成長，肉體生命卻不能構成自我的內容及其內在的差別性。因為所有人的肉體生命都是共同性的生理實體。

第十九節　生理價值邏輯的意義

生理價值邏輯對普遍價值的承諾者的見證

現成性價值邏輯相的有限性，在表達個別價值邏輯相與普遍價值的關係的同時，也顯明了它們與生成性價值邏輯相尤其是與其中的心理價值邏輯相的關係。一切個別現成性價值邏輯相的意義，無不得自以上兩重關係。

個別現成性價值邏輯相所開啟的人類的先驗共同性，是人類在不同的價值域和時間域中關於自身的價值論規定。物的在性對應於人的自然性，植物的生長性對應於人的本能性，動物的生存性對應於人的動物性，這三種特性在心理價值邏輯主體中對象化為人的身體性。人在肉體生命中的物性，說明個別現成性價值邏輯依靠人的心理價值邏輯。人借助自己的身體，意識物質自然的在性、體驗自然生命的生長和經驗肉體生命的生存，由此將世界的邏輯圖式區分為物理的、生命的、生理的價值邏輯諸相。不過，人在價值論上關於世界的差別性規定，還得由邏輯論上的普遍價值的承諾者上帝作出終極的差别性承诺。否则，个人关于世界的差别性自觉，将没有最后的合法性；否则，人的价值论言说因远离逻辑论的背靠而陷为观念性的臆说。

每个人有属于自己的身体，人类在经验水平上可以先验地体认这一点。因其人类性而有共同性。因为是共同的，所以作为物质的、生命的、肉体的人的自我，只是人类的我成长的根基不是个别存在者、个别人的自我。至于个人的自我如何创生，这属于心理价值逻辑研究的对象。而且，个人只有在达成自己的我中，才能真正配得上人类成员的身份。

经验是人意识肉体生命的方式

生理价值逻辑出现在价值逻辑序列中，它源于普遍价值实现自己的普遍性的需要，源于人的心理意识对个别生存者生存活动的经验。反过来，生理价值逻辑的意义，在于对普遍价值在下承诺的见证和为心理价值逻辑的生起作预备。上帝在言成动物中，将生理价值逻辑主体——肉体生命体——根植于自然生命中。通过动物世界中的个别生存者在生存延续本能方式上的差别，上帝宣告自己和一切受造物的差别。肉体生命体的生存性应许，标记着其应许者的生存性或活动性。普遍价值的承诺者，是一个来往于自身和其受造物之间的灵。"上帝是圣灵，敬拜祂的必须以灵和真敬拜祂。"[10]人必须在自己的活动中、自己的存在中活出上帝的灵性。而一切动物界中的个别生存者，不过是对上帝作为活动性的圣灵存在的不完全的见证。完全见证上帝的福分，这被赐与给按照上帝形象所造的人身上。

生理价值逻辑的心理化

生理价值逻辑的被经验性，内含它和经验者——心理价值逻辑主体的关系，也意味着生理价值逻辑最终实现自己的差别性的方式，即生理价值逻辑的心理化。这种心理化倾向，一方面昭示出在生理价值逻辑后心理价值逻辑出现在价值逻辑序列中的必然性；一方面指出生理价值逻辑构成自己的差别性的手段。

的确，是超越于所有个别价值逻辑相的普遍价值，最终承诺了各个价值逻辑相的差别性。但是，仅仅有普遍价值的承诺还不够，在价值逻辑相的生成过程中，由普遍价值承诺的心理价值逻辑相，无论对现成性价值逻辑相还

---

10 《约翰福音》4：24，新詹姆士版《圣经》，1982 年，By Thomas Nelson,Inc..

是对社会的、历史的生成性价值逻辑相的生起，都发挥了关键功用。正是心理价值逻辑具体承受普遍价值的承诺者所给与的使命，把各种个别价值逻辑相现实地建立在价值逻辑序列中，从而让人类得到了世界的逻辑图式。

人类关于生理世界共同性的规定

生理价值逻辑主体的生存延续本能，只是在献身于心理价值逻辑主体的成长中才获得意义。如同其他个别价值逻辑相一样，它们的意义来自心理价值逻辑主体的意识性。人类关于生理价值逻辑的心理化解释，成为我们关于生理世界的共同性规定。其实，在人类与动物之间，永远有不可跨越的鸿沟。人类在保护动物的生存延续中，仅仅是为了更好地保护自己的生存延续罢了。唯有那创造并承诺动物和人的创造者本身，才是他们真正的知己。

第二十节　生理学

在前面关于生理价值逻辑的意义和有限性的言说中，我们指出：生理价值逻辑从普遍价值和心理价值逻辑获取意义，并受后两者的限制。人类和动物之间的间隔，不在于一方是否从另一方进化来，而在于双方都是共同承受普遍价值的个别价值逻辑相的主体，都是价值逻辑序列中的一相。在此意义上，人类关于动物的差别性规定，是人根据自身的有限性作出的。这种人对生理价值逻辑主体——个别肉体生命体——的经验和意识，形成生理学。

生理学研究生物的机能，包括生物的形态形成和生物体产生的过程。[11]这是一般自然科学家对生理学的定义。从这个定义中明白，生理学必须研究生物的动态生存。由于所有生物体都是在动态中生存或生长的，因此，关于生理学的上述定义容易和生命学（包括生物学）相混淆。其原因在于把生理现象当作生命现象的一个特例，忽视了两种现象的差别以及生命价值逻辑主体（自然生命体）与生理价值逻辑主体（肉体生命体）之间的差别。换言之，一般自然科学家关于生理学的定义，主要根据的是现成性价值逻辑主体之间的相关性而不是差别性。

---

11 坂田昌一、近藤洋逸编：《哲学 VI 自然的哲学》，东京：岩波书店，1971 年，第
　306 页。

关于生理现象的逻辑图式

价值逻辑论的生理学定义，建立在个别价值逻辑相的差别性基础上。这样，生理学就用来特指以考察肉体生命体——动物及动物界为使命的自然科学。生理学所描述的，是关于由动物体引起的生理现象的逻辑图式。生理价值逻辑主体——肉体生命体——总的特征是什么，为什么在生存习性上一种动物区别于另一种这类问题，无不属于生理学的研究对象。人根植于动物界究明由人的身体的生存延续本能所显明的人和动物的相关性，同样是生理学的使命。但是，这与其说是对人的动物性的认识，不如说是对动物本身的生存性的考察，是对动物这种生理价值逻辑主体的典型形式的探究。

生理学的起源

生理学在起源上和物理学、生命学一样，是在普遍价值承诺了生理价值逻辑和心理价值逻辑的主体之后。普遍价值在下承诺生理学的对象——肉体生命体的生存，心理价值逻辑主体为生理学的探究给出经验手段。人在经验引导下，对动物世界展开分类学的、结构的分析，最终将具有同样生存延续本能的个别生存者彼此区别。其差别性在于生存延续本能方式的差异。虽然动物要在大地上横向、左右绵延生理时间，但不同的动物种，根据自身的本能性却以不同的方式度尽自己的相对有限时段。探明个别肉体生命体生存延续生命的方式的差别，构成生理学内在的使命。

人类与肉体的关系

生理学的研究，归根到底是为了回答人与肉体生命的关系问题。按照价值逻辑论，人的肉体生命的生存延续不是人的差别性规定。生理价值逻辑显明：肉体生命的生存延续，属于动物的而非人的本质性。肉体生命的生存权，不在人的本质性之内，不在人性之内，更不能替代人权的内涵。所有动物有生存的权利，如同所有植物有生长的权利，以生存权规定人权的人信仰如下的哲学：人本是动物，而且仅仅是动物。所以，动物的生存权才成为人的基本权利。这种以人为动物的思想，不但要求人承认自己的祖先是动物，而且强制人永远过动物式的、以生存延续肉体生命为己任的生活。

生理价值逻辑的主体是肉体生命体，其典型形式以动物为对象；心理价值逻辑的主体，是意识生命体即个别性的存在者。在这两种逻辑相之间，不存在一个向另一个进化的关系。它们共同承受普遍价值的在下承诺。关于人的起源的进化论思想，源于对两种个别价值逻辑相之间的差别性无明。这种思想的主张者，只看到生理价值逻辑与心理价值逻辑的相关性，忘记了它们的差别性。从两种价值逻辑的相关性得出进化论，在逻辑上无必然性：不能说 A 与 B 相关就有 A 向 B 进化的现象。因为根据同样的前提有 B 向 A 进化的结论。难怪 20 世纪的克拉阿茨希（Klaatsch）和威斯滕霍费尔（Westenhofer）发现在同时接受进化论时可以提出动物从人进化来的思想。[12]

生理学，是人关于动物的生存现象的差别性规定。在生理学研究史上，常有个人对某种动物的生存方式描述上的差异。不过，由于动物的本能生存方式是由普遍价值的给与者承诺，所以，生理学关于某种动物的生存现象的差别性结论，最终能够建立在这种同一性的基础上。生理学家，只不过是动物生存活动的描述者。他们替人类描述动物界。这种知识相对人类有效而不受制于个别者的存在。

人的生理价值　人类关于生理现象的知识论

经验是人意识肉体生命的方式。而肉体生命的生存性，决定了其生命体在生存空间上的不定性。物理空间的有限性，迫使不同种类的肉体生命形成生存竞争。人凭着对自己的生存活动的经验，意识到动物界普遍具有的生存竞争现象。生理学除了研究个别动物种的生理结构及其动态活动外，还要关注不同动物间的相关性与差别性。生理学的科学性，来自其对象的经验可实证性，它的结论对人类同在者全体应当普遍有效。人的生理价值，表现在他对生理学的贡献上。靠着经验本身，人类能够确证生理现象的知识的普遍有效性。所以，生理学是人类关于生理现象的知识论。

---

12 M.兰德曼：《哲学人类学》，阎嘉译，贵阳：贵州人民出版社，1988 年，第 189-190 页。

第六章　价值逻辑论的自然科学观

自然科学的根据

　　按照弗赖堡学派的代表人物李凯尔特的观点，自然在质料上是与文化对立的概念，自然科学方法在形式上是和历史方法对立的研究法。[1]"自然产物是自然而然地由土地里生长出来的东西。……根据这一点，自然是那些从自身中成长起来的、'诞生出来的'和任其自生自长的东西的总和。"[2]如果用价值逻辑论审视这个关于自然的定义，它主要侧重于存在论的而非本源论的描述。的确，在存在论上，自然是自己而然的东西的总和。相较于一切生成性价值逻辑主体，作为一切现成性价值逻辑主体的构成者——物质自然、自然生命、肉体生命，无不体现出恒定的差别规定性。但是，在本源论上，这些构成者的规定性有两方面的根源：一是普遍价值的在下承诺，一是心理意识生命的生成性活动。由此产生了研究它们的自然科学。

自然科学的对象

　　自然科学（一般意义上的科学）研究人与广义自然的关系。这种广义自然包括三种对象：物质自然体、自然生命体、肉体生命体。它们分别构成现成性价值逻辑相——物理价值逻辑、生命价值逻辑、生理价值逻辑——的主

1　H.李凯尔特：《文化科学和自然科学》，涂纪亮译，北京：商务印书馆，1986年，第18页。

2　H.李凯尔特：《文化科学和自然科学》，涂纪亮译，北京：商务印书馆，1986年，第20页。

体。自然科学，不只研究物质现实，而且研究生命现实、生理现实。仅仅将自然科学的研究范围局限于物质现实的观念，是因为这种观念的拥有者只把物理之外的生命的、生理的现象当作物质自然本身的一部分。当然，自学科学也探究人的心理现实，但由于心理价值逻辑在价值逻辑序列中的个别性，自然科学对人的心理存在的非心理揭示，属于生理学的延伸。对人的心理的差别性认识而言，自然科学关于人的生理学知识并不是根本性的。

自然科学，以现成性的价值逻辑主体为对象。尽管用以描述自然科学对象的概念由人的意识生命生成，但这种生成行为必须以接近其对象为目标。自然科学关注物质自然体的在、自然生命体的生长、肉体生命体的生存，它要展开物质界、生命界、生理界的普遍逻辑图式。自然科学，最初起源于人对原初概念的设定。由于个别原初概念的非原初性，它将为更赋有原初性的概念所代替。这种被代替的原初概念，对自然科学描述自然图景在一定的阶段上发挥了功用，为自然科学形成统一的自然图景在概念史上铺平了道路。

各个界域的原初概念，根据简化原则合并在更有原初性的概念图式中，从而最终建立起人类关于自然界的统一图式。李凯尔特将自然科学根据简化原则合并各个界域的原初概念的方法，称为普遍化方法。自然科学首先将个别之物普遍化，然后再将普遍化的个别之物作为更赋有普遍性的个别之物的特例，以便在更高层次的普遍概念中重新统一关于自然的认识。"自然科学用来说明现实的概念愈加普遍，它便能愈加清楚地说明现实，而现实的特殊部分与整个自然的共同之点便表现得愈加明显。"[3] "自然科学只是在从个别之物中发现那种可以把个别之物隶属于其下的普遍之物的情况下，才去注意个别之物。在这个范围内，必须说现实的特殊性是任何自然科学概念形成的界限。"[4]个别之物在自然科学发展史上，只是在相应的普遍化过程中起作用。一旦更赋有原初性的概念诞生了，个别之物的个别性也就在概念中被确立起来。"自然科学是一种对规律的或普遍概念的联系进行的研究，它不研究文化价值，也不研究它的对象和文化价值的关系。"[5]按照李凯尔特对文化、价值的阐释，文化是人的意义活动的产物，或者是为人保存着的现成的东西。[6]

3　H.李凯尔特：《文化科学和自然科学》，涂纪亮译，北京：商务印书馆，1986年，第56页。

4　H.李凯尔特：《文化科学和自然科学》，第42页。

5　H.李凯尔特：《文化科学和自然科学》，第76-77页。

6　H.李凯尔特：《文化科学和自然科学》，第20页。

"关于价值，我们不能说它们实际上存在着或不存在，而只能说它们是有意义的，还是无意义的。"[7]显然，这里的价值概念和价值逻辑论中的价值概念有别。后者认为：个别之物的价值，不在于它是否对人有意义还是无意义，而在于它是否内含真正的个别性、真正差别于其他一切物的特殊规定性。自然物质、生命及肉体动物不是人造的，但它们的确和人相关，是人的意识生命自觉意识其个别性的产物。李凯尔特关于文化、价值的观念，道出了自然之物的受造性和它们作为现成性价值逻辑主体的现成性。人的意识形成自然的规定性，而自然界中的物理的、生命的、生理的对象由普遍价值的承诺者上帝创造。

自然科学的研究对象是上帝的创造物。神学家研究神学的前提为他对上帝存在的信仰。否则，神学家便没有研究对象。同样，自然科学家也必须相信上帝所创造的自然的存在，相信自己的认识对象自在地存在着，而且相信这种千差万别的存在根源于一个统一性的创造者，或是由统一性的创造者置入了统一性的自然规律。[8]如果不这样，自然科学的进步（自然图景的简化）将不可能。在存在信仰对象上，自然科学与神学有共同性的一面。在信仰什么存在的问题上，它们有差别性的一面。自然科学的对象是创造者的创造物，神学的对象是创造者本身。难怪在卡尔·巴特的《教会教义学》四大卷的结构中，第二卷为"上帝论"，第三卷为"创造论"，从第5章一直到第12章，占16章中的一半。其实，第一卷的"上帝之道论"的目的，也是为了引出上帝论的内容[9]。部分自然科学家，纵然不相信自然是上帝的作品，但他们必须相信自然规律的统一性，不相信自然为互不关联的个别物，进而为发现统一场理论而工作。

自然科学的语言

但是，在方法上，自然科学和神学根本不一样。神学从信仰开始，最终是加强自己的研究者对所信对象的信仰。神学的对象，无需任何创造物的检验，它自身是自身的检验者，自身是自身的言说者。何况，任何个别神学家，本是

---

7 H.李凯尔特：《文化科学和自然科学》，第21页。

8 参见艾耶尔：《二十世纪哲学》，李步楼、俞宣孟、苑利均等译，上海：上海译文出版社，1987年，第230页。

9 参见张旭：《卡尔·巴特神学研究》，上海：上海人民出版社，2005年，第323-341页。

神学研究对象——上帝——的创造物。在创造者与创造物之间，在普遍价值的承诺者与心理价值逻辑主体之间，只有后者对前者的承受关系而非证实关系。

自然科学，建立在经验实证与逻辑实证的基础上。作为人类关于自然的逻辑图式，自然科学理应同其描述对象相一致。自然科学的语言是对应性符号语言。

符号语言的特点为能指与所指的分隔，由语音通过差别性的发声引出语意的差别。至于为什么一个语音引出一个或几个语意，遵从人与人的约定原则。人用符号表达自然界中的个别物。这种个别物的个别性，取决于其命名符号在发声中的差别性。差别性的个别物，对应于差别性的发声符号。人类关于自然的逻辑图式，在语言学意义上不过是差别性的符号集合。

原初概念的设定，根据符号语言的对应性原则。个别原初概念，只有在同个别物的对应中才有意义。"自然科学所要求的概念因素的精确性在普遍化的科学中具有决定性的重要意义。"[10]这里所说的概念因素的精确性，指自然科学概念在形成过程中必须遵循对应性原则。个别概念同个别物对应，容入众多个别物的普遍概念与其对象相对应。概念为自然物的信号。符号语言的能指与所指有一一对应的关系。总之，自然图景的形成，实际上是概念对应于自然物的过程。现成自然物的界限，同样是自然的逻辑图式的边界。由于个别理论中的原初概念都是建立在逻辑及经验两方面对个别自然物的证实上，因此，后来的理论最多是对前一种理论的更精确的修正和补充。其根据为理论与自然物之间的对应性。科学的历史，一方面是个别原初概念被抛弃的历史，一方面又是个别原初概念扩大其原初性或对应性范围的历史。

自然科学的分类

由于自然科学语言的对应性，自然科学中新概念的出现，就存在能指与所指如何对应的问题。根据所指对象的不同，自然科学在宏观上分为物理学、生命学、生理学。物理学以物质自然为对象，回答物质自然的结构及其运动的普遍规律，集中体现出自然科学的方法论理想。生命学以自然生命为对象，给与人类以生命界的普遍图式。生理学以肉体生命为研究范围，应许人类以动物界的普遍图式。

---

10 H.李凯尔特：《文化科学和自然科学》，涂纪亮译，北京：商务印书馆，1986年，第62页。

自然科学的使命

自然科学能够解决自然（包括物质、植物、动物）是什么的问题。至于自然为什么存在的问题，自然科学无能为力。自然科学的使命，在于为人类描述一个普遍的自然逻辑图景。依照符号语言的对应性原则，自然科学所给出的逻辑图景有真伪性。真，包括一切在逻辑实证与经验实证中被证实的东西，伪是不能证实的东西；真意味着自然图景和自然对象相对应，伪没有这种对应性。由于自然科学的对象的现成性，这使其所展开的真带有自在性的特点。关于真的自在性理论表明：真的生成同人的意识生命体相关，真的存在却是自在的——真源于普遍价值的承诺者的在先承诺。任何个人、集团所言说的真，只是真的一部分，而不是真本身。真以自在的形式向人类中的每个人显明，一切愿意发现真的人，都可能成为真的发现者。这需要人客观上求真实、主观上求诚实。

自然科学的价值指向

真的自在性决定了自然科学的边界性：在终极意义上，自然科学无能告诉人类真是什么。它只向人证实什么样的概念图式更接近真。"我们的理论是我们的发明；但它们可能只是不合理的猜测，大胆的猜想、假说。我们用这些猜测、猜想、假说创造一个世界：不是实在的世界，而是我们自己试图捕捉这个实在世界的网。"[11]人类在认识自然中创造的捕捉实在世界的网就是科学的符号性语言。人的生命理智在自然科学中使用的判断句及疑问句，总是在能指与所指之间、在真与伪之间作出的判断和疑问。自然科学中判断句和疑问句的价值，在于表达出个别物的所指概念建立起来的相关性图式。判断句，是关于个别物概念之间联系的句子；疑问句，是对个别物概念之间的联系的真实性提出怀疑的句子，目的是为了在概念与个别物之间、为了在概念之间确定明确的相关性。自然科学中的提问，不是对个别物是否存在而是对概念是否对应于个别物的设问。同样，新的概念源于和新的个别物之间的普遍对应。

自然科学自在性的真——人对个别物的差别性意识，取决于这种意识对象的现成性实在的真实性——赋与自然科学发展的方式：阐释。阐释总是在一定条件下对个别之物的阐释，没有无条件的阐释。阐释的不完备性，致使

---

11 卡尔·波普尔：《无穷的探索》，邱仁宗、段娟译，福州：福建人民出版社，1987年，第59页。

自然科学之真的不完备性。任何阐释都是对个别之物的阐释，因而任何阐释只是片面的特定的阐释。所以，阐释必然同阐释对象相关联，是关于个别物的在场方式的阐释。阐释活动在科学中使用的是概念，概念又是对个别物所在界域的某类现象的概括。概念本有的普遍性，承诺了自然科学关于自然的逻辑图式的普遍性。

自然科学所用的对应性符号语言，标明自然科学的真的对应性规定。从个别概念和个别物的对应开始，到人类关于自然的普遍逻辑图式和一切现成性价值逻辑主体——广义自然的对应，构成自然向人类打开的书页。正因为如此，自然科学（或者称作一种文化形式的科学）的结论，构成人类的共同财富。由此，自然科学区别于哲学（真正的形而上学）。哲学在根本上并不求真，而是求意义。生命哲学探究生命的意义，人生哲学关怀人生的意义。哲学的问题，不是思与所思对象是否对应的问题，而是思对所思者的意义问题。哲学的价值是个人性的，它言说思者的心灵秩序，其真实性对思者之外的人是不可检验的。科学是人类性的。不存在适应于每个人存在的哲学，只有对其个人有意义的哲学。当所思者离开世界，其所思的哲学无非表明思者的独特的存在方式。相反，自然科学之真对全人类有效，因为这种真不取决于人的意识能力的差别，而由自然的承诺者超验地置入。真的这种自在性——自然相对其创造者而在——限制了人类和真的关系：人只能发现真而无能创造真。创造是无中生有，人对真的领悟依赖于有——广义自然的实存。况且，任何个人的发现，都不是终极的，而是一种关于真的可能性描述，一种猜测和假说，一种近似。[12] "科学的假设和理论，不是源于被观察的事实，而是为了阐述它们发明出来的。它们构成了对研究现象之间可以获得的各种关联的猜想，也是对形成所发生事件的基础的统一性与范式的猜想。'这种愉快的猜想'，需要伟大的天才，尤其是它们内含着对现存的科学思维模式极端的背弃时，正如相对论和量子理论所做的那样。这种在科学研究中需要的发明努力，受惠于对该领域现成知识的谙熟。一个完全的新手很难做出重要的科学发现，因为出现在他的面前的各种观念很可能是对以前曾经被测试的东西

---

12 卡尔·波普尔：《猜想与反驳》，傅季重，纪树立，周昌忠等译，第214页："我们致力于认识真理和发现真理的尝试不是终极的，而是尚待改进的；我们的知识和学说是猜测；它由猜想、假说构成，而不是由终极的确定的真理构成；批判和批判的讨论是我们接近真理的唯一手段。"同时参见此书中关于"本质主义知识观"的反驳，第145-151页。上海：上海译文出版社，1986年。

的重复，或者和已经确定的事实、或者和他不知道的理论相撞"。[13]

关于自然现象的普遍知识体系

自然科学是人类关于自然现象（物质界、植物界、动物界）的普遍知识体系。这里所说的人类，不是指每个人对自然科学的进步都发挥了独特的作用，而是说自然科学的结论相对每个人有效。自然科学承诺的关于自然的普遍知识体系包括两个方面：知识的特点和知识的起源。前者为知识的存在论，后者为知识的本源论。

知识是人类关于自然界的普遍逻辑图式。它总是关于现成性自然的知识，而且必须是普遍概念图式。如此理解的知识概念内含知识的双重性：知识的现实对象性和知识的普遍性。没有现实的对象，人类的知识将是主观的臆说；没有普遍性的知识只是个别人的观念性言说。

哲学的特点，并不像罗素所说的那样是"批判"。[14]罗素这样陈述的时候，是误把科学的特点当作哲学——他所信仰的逻辑实证主义——的特点。因为，任何科学理论的进步，都以批判旧有知识体系为出发点。因为"科学的态度就是批判的态度"。[15]爱因斯坦的相对论时空观，是对牛顿绝对时空知识体系的批判。科学本身的发展，也是一个不断批判的过程。旧有的概念、命题、原理，被缩小在个别的范围内，同时在更大的界域内充当特例。科学，只有科学，才能为人类提供普遍的、统一的关于自然的知识体系。

哲学上的经验论和观念论，主要是一种关于知识如何起源的哲学，即知识本源论。同样，逻辑学中的归纳推理和演绎推理，是知识本源论而不是知识存在论。知识存在论，指人类关于自然的知识内容，或人类关于自然的统一性的逻辑图式。知识本源论，指人类认识自然的方法以及各种关于知识如何起源的哲学。科学哲学，其实就是关于知识本源论、关于认识如何可能的哲学。广义的自然科学，不仅要用对应性符号语言阐释出一切现成性价值逻辑主体的有序图式，而且要探究自己的方法论原则，即以如何建立知识存在论与知识本源论为问题。

---

13 C. G. Hempel, *Philosophy of Natural Science*, Englewood Cliffs, New Jersey: Prentice-Hall, 1966, p.15.

14 罗素：《哲学的问题》，何明译，北京：商务印书馆，1960 年，第 104-105 页。

15 卡尔·波普尔：《无穷的探索》，邱仁宗、段娟译，福州：福建人民出版社，1987年，第 36 页。

第七章　心理价值逻辑

生理价值逻辑的心理化

在价值逻辑序列中，价值逻辑论展示出物理的、生命的、生理的价值逻辑诸相的现成性和心理的、社会的、历史的价值逻辑诸相的生成性。现成性价值逻辑诸相的特点，在于其主体被心理价值逻辑的间接生成性；生成性价值逻辑诸相的主体，却由心理价值逻辑本身直接生成。在物理价值逻辑主体被意识之前、在生命价值逻辑主体被体验之前、在生理价值逻辑主体被经验之前，它们就现成地同心理意识生命构成一种对应关系。人的心理意识生命，只不过是把三种主体利用对应性符号语言翻译出来。在这种翻译活动中，心理意识生命的意识对象，是现成地存在于自己面前的不为自己所左右的在者、生长者及生存者。这些个别物，借助对应性符号语言被传达出来，从而成为人类共同的理解对象。

从现成性价值逻辑诸相在场的可能性中，显明了心理价值逻辑在价值逻辑序列中在场的必然性。因为如果没有后者，尽管现成性价值逻辑主体依然在场，但这种主体的价值逻辑性将无从显明和得到差别性的规定。心理价值逻辑，给与一切现成性价值逻辑以语言上的差别性规定。

但是，在心理价值逻辑出现之前，一切现成性价值逻辑并不起着同样的功用。由于各种现成性价值逻辑主体在相应的时间相中在场，价值逻辑序列呈现出时间上的有序性。只有当其主体所需要的物质的、生命的以及生理的根基具备后，心理价值逻辑才生起在价值逻辑序列中。尤其是现成性价值逻辑中的生理价值逻辑，为普遍价值的心理化承诺奠定了根基。

在现成性价值逻辑中，除了物理价值逻辑的主体物质自然体是由普遍价值的承诺者直接给与在人的意识中外，生命价值逻辑主体必须在物质界中以大地为临界点自我生长，生理价值逻辑主体必须在生命界中以大地为临界面自我生存。没有横向绵延时间的生存活动，生理价值逻辑主体就没有被经验的对象；没有纵向绵延时间的生长活动，生命价值逻辑主体就失去被体验的对象。不过，这种被经验和被体验，如同物质自然体被人意识一样，是在人的心理意识生命中达成的。

普遍价值的心理化

普遍价值在下承诺现成性价值逻辑，其最终的目的是为了彰明自己的普遍性。其中途的目的，是为了向其自由的被承诺者显明自己的普遍性。假如在自己的普遍承诺中只有现成性的价值逻辑主体，那么，不但普遍价值的普遍性承诺无从体现出来，而且现成性价值逻辑间的差别性规定也不会诞生，甚至没有承诺者与承受者、普遍价值与个别价值逻辑相的差别性自觉。所以，普遍价值在价值逻辑序列中承诺心理价值逻辑，一是出于普遍价值确立自己的普遍性的需要，一是出于个别价值逻辑相之间相互确定其差别性的需要。唯有自我意识着的心理价值逻辑，才能意识到自身与承诺者的、自身与其他个别价值逻辑相的差别。心理价值逻辑主体的使命，不仅要给与其他个别价值逻辑相以差别性的规定，而且要在自己的承受中意识到自己作为承受者、受造者、地上之物和承诺自己存在的创造者的差别。

拉丁文中表示人的词 homo，和 humus（土地、大地）是同源词。希伯来语中的亚当（adam）和 adamah（泥土、大地）同源。"耶和华上帝用地上的尘土造人，在他鼻孔里吹入生命之气，人就生成为一个有灵的存在者。"[1]这里，上帝造人用了地上的尘土、生命之气，人然后成为有灵的存在者。地上的尘土，表明人和物质自然界的相关性，以大地为代表的物质自然界构成人存在的源始根基。生命之气，意味着人和一切自然生命界、自然界中的植物及动物的关系。不但如此，上帝还使人生成为有灵的存在者。正是这"灵"，才使人作为心理价值逻辑的主体和其他个别价值逻辑相的主体相差别。人要生成为有灵的存在者，离不开上帝吹入的生命之气，离不开人内向的绵延心理时间的意识活动。

1　《创世记》2：7，*New King James Version.*

上帝造人，同时按照自己的形象取三位一体的样式。[2]由于上帝是自我差别、自我相关的圣父、圣子、圣灵的三位一体，那么，根据这种形象造的人当然是三位一体的存在者。"人是一个精神性的存在者，他不仅是身体的，而且是灵魂的和精神的。"[3]上帝以自己的形象造人，这既内含人和上帝特有的相关性联系，又把人和其他受造物相区别。

人是一个位格性的存在者，因为他的创造者本身就是位格性的存在。既然取上帝三位一体的样式，那么，离开位格性就不会有上帝形象的本质。但是，人如何生成自己的位格呢？上帝在人的鼻孔里吹入生命之气后，人才生成为有灵的存在者。这里，上帝吹入生命之气的行为，是根本性的创造行动，同时，是人自己生成自己的灵性位格。上帝对人的创造和人的自我生成，两者缺一不可。前者表明人和其他受造物的同一性——都是上帝的创造物，后者规定人和其他受造物的差别性——人必须自己生成自己的位格，生成自己作为人的样式。人和其他受造物在这点上的差别，恰恰是上帝对人的祝福。人走在自由的自我生成灵性位格的路上，他不是一个现成性的、事实性的存在者，他的灵依赖于他对上帝吹入的生命之气的吸取，他的生活就是在对上帝的信仰中生成为优越于其他一切受造物的"有灵的存在者"。他能意识到上帝对自己的位格创造，同时主动采取认信或拒信上帝的态度。在受造物中，只有人是唯一的位格性生成者，因其类似于上帝而有对自身和他物的差别性直观与相关性直观的能力。[4]人能够用自己的理性、知性将一切个别之物相区别和相联系；用自己的感性能力去感觉、倾听、言说、明见其创造者的爱和其他受造物的在、生长以及生存；以意性的能力决断是否信仰其创造者的自在永在，以及为上帝

---

2 《创世记》1：26，*New King James Version*.

3 *Bible For Spirit Filled Living, New King James Version* 第 6 页中的 Kingdom Dynamics 1：26-28 关于"人的内在价值"，1991 by Thomas Nelson,Inc..

4 这种相关性直观的能力，类似于王阳明所谓的大人之"明德"："大人之能以天地万物为一体也，非意之也，其心之仁本若是。其与天地万物而为一也。岂惟大人，虽小人之心亦莫不然，彼顾自小之耳。是故见孺子之入井而必有怵惕恻隐之心焉，是其仁之与孺子而为一体也；孺子犹同类者也，见鸟兽之哀鸣觳觫而必有不忍之心焉，是其仁之与鸟兽而为一体也；鸟兽犹有知觉者也，见草木之摧折而必有怜恤之心焉，是其仁之与草木而为一体也；草木犹有生意者也，见瓦石之毁坏而必有顾惜之心焉，是其仁之与瓦石而为一体也。是其一体之仁也，虽小人之心亦必有之，是乃根于天命之性而自然灵昭不昧者也，是故谓之明德。"（《大学问》参见王守仁：《王阳明全集》上，上海：上海古籍出版社，1992 年）

"管理海中的鱼、空中的鸟、牲畜、全地和地上爬行的一切昆虫"。[5]

上帝是一个在意识的上帝。上帝说："让我们照我们的形象、根据我们的样式造人。"[6] 上帝意识到自己的位格存在，意识到自己作为创造者的一位和由上帝之言构成的耶稣基督以及在其中起交通功能的圣灵，由圣父、圣子、圣灵三位共同指明"我们"的内涵。照上帝形象取上帝样式的人，理应是一个在意识的存在者。他除了意识到自己的身、魂、灵的位格存在外，还同上帝一样意识到自己在意识的活动，意识到上帝对自身的创造。上帝在造人之前，已经创造了物质自然、自然生命以及肉体生命；在上帝造人之中，上帝又应许人在受造物中独有与自己同形的权利；造人之后，上帝委托人管理祂的一切创造物。人这个心理价值逻辑主体，从此区别于其他一切现成性价值逻辑主体。他是一个在意识普遍价值的承诺者和自我意识的存在者。

第二十一节　意识生命存在的逻辑

人的主体性

现成性价值逻辑的研究，最终是为了探明人类与它（物质自然、自然生命、肉体生命）的关系，即一般意义上的人类与自然的关系。物质自然的在，对象化为人的自然性；自然生命的生长结果本能，对象化为人的本能性；肉体生命的生存延续本能，对象化为人的身体性。但是，这一切来自外在物的关于人的规定性，都不是把人同一切外在物相区别的标记。相反，正是人本有的意识性，才将外在物之间的差别性设定出来。人意识现成性对象的能力，构成人的主体性的内容。

人的主体性，相对现成性对象的客体性而显明。这种主体性，标示人是现成性对象的差别性的给与者。对象在人的意识中被给与差别，同时在作为现成性价值逻辑主体承受普遍价值的承诺中获取自身的现成性。物质自然的在性、自然生命的生长性、肉体生命的生存性，无不源于人的主体性承诺。但这种承诺，在人承受了普遍价值在下承诺关于自己的意识生命后才得以实现。人的主体性，只显明在人应许普遍价值的承受者——现成性价值逻辑主体——的差别性中。换言之，不是人而是创造者本身，创造了现成性价值逻

5　《创世记》1：26。

6　《创世记》1：26。

辑主体的差别性。人的主体性在于意识到它们的差别性，在意识中将其翻译成符号语言。

根据主体指向客体的不同，人的主体性在物质自然界中为被意识性，在自然生命界中为被体验性，在肉体生命界中为被经验性。离心理价值逻辑越近的现成性价值逻辑主体，其主体性越强。物质自然直接承受普遍价值关于自身的在性规定，自然生命主动生长自己的生长性，肉体生命能动生存自己的生存性。

从物理价值逻辑到生理价值逻辑，有超越关系。物质自然的在性，在自然生命中收缩为以大地为临界点上下绵延时间的生长性活动，在肉体生命中为以大地为临界面左右绵延时间的生存性活动。同样，人的主体性的具体形式，在人的心理意识生命中也有超越的关系。人对物质自然界的意识，包含在对自然生命界的体验中；人对自然生命界的体验，内括在对肉体生命的经验中。最后，人将自己的意识转向自身，以内向绵延时间的方式生成自己的存在或我体性。

心理价值逻辑主体

现成性价值逻辑主体被意识、被体验或者被经验。与此区别，心理价值逻辑主体，却是一种自我意识、自我体验、自我经验的主体。这个被意识、被体验、被经验的自我，同时也是那个在意识、在体验、在经验的自我。它不同于一切现成性价值逻辑主体。意识生命体的本质，就是意识向我生成，意识在以自己为对象的意识中生成自己的我，它同时是心理价值逻辑主体作为普遍价值的承受者的我，又是在意识自身的我。我在我的意识中生成自己的我。

个别存在者，都有仅仅属于自己的、不可代替的我。"谈到对我自己的认识，我想知道的正是我自己；存在与认识、主体与客体是合一的。我们已经看到，我们对人的人性进行反思时不可能保持完全超脱的关系，因为对人的所有认识都源于自我认识，人永远不能远离他自己的自我。"[7]他的生命属于他自己，他的生存由他自己去实现，他的生长结果必须由他自己来完成。心理价值逻辑主体——意识生命体，从现成性价值逻辑主体中承受到的，就是这种不可替代的潜我。当意识以潜我为对象时，生成人的潜我意识。它集

7　赫舍尔：《人是谁》，魏仁莲译，贵阳：贵州人民出版社，1995年，第13页。

中体现在心理价值逻辑对生理价值逻辑的承受中，体现在由生理价值逻辑主体——肉体生命体——的本质性规定中，即肉体生命的生存延续本能中。

潜我意识

潜我意识是人对自己作为和现成性价值逻辑相关之存在的意识，是个别存在者对自己的生存延续本能的自觉。但是，这种自觉意识，仅仅为人生成自己的我给与潜在的可能性。肉体生命、自然生命、之所以没有诞生出人一样的自我，原因在于它们的我永远处于潜在的生成可能性中，没有向自我开展。在潜我层次上，一切生物体（自然生命体、肉体生命体、意识生命体），无不内含我的不可代替性。

"在历史的烟雨里，在距离的燃烧中。

因为我航行在自己的双眼里

我对你们说过：一切都在我的眼底，

从旅程的第一步起。"8

但是，只有在人这里，只有在心理价值逻辑主体这里，潜我才成为潜我意识，生存延续的肉体生命、生长结果的自然生命才转化为意识的对象。

当意识生命体以潜我为对象时，人的肉体生命的生存延续就有了一种意义转换。因为，它们在被人的意识中，已经不再只是本能性的关于人的规定性，而是生成人的本质性、人的差别性的潜在力量。如果人始终停留在持守生存延续的肉体生命中，如果人永远以肉体生命的生存延续为意识对象，那么，人就降格为比动物还赋有本能性的动物了。因为，动物的生存延续是它的本能性活动，人一旦自觉以动物本能为自己的本质理想，只意味着人主动成为本能性的生存者而放弃成人的条件。生物学正是在这个意义上理解意识与生命的关系，它认为："意识是'生命'的一种附属现象：在我们之中，生命作为一条语言溪流以符号表达的方式倾泻而出，当符号之流返回自身并指向自身，便产生了意识。"9 换言之，符号表达成为意识产生的媒介，成为人的意识生命和动物的肉体生命相区别的标志。

---

8 参见诗歌《我对你们说过》，阿多尼斯：《我的孤独是一座花园：阿多尼斯诗选》，薛庆国选译，南京：译林出版社，2017年，第21页。

9 唐·库比特：《生活 生活：一种正在来临的生活宗教》，王志成、朱彩虹译，宗教文化出版社，2004年，第180页。

意识生命体的特点

潜我意识是意识的起点而不是归宿，如生理价值逻辑是心理价值逻辑的根基而不是后者的差别性给与者。意识生命体和其他现成性价值逻辑主体的不同，在于它能够以自身为对象来意识自身。意识在心理时间中成为自我意识。

心理时间是内向绵延的生成性时间相。所谓内向绵延，指意识生命体向我生成自身的、在现在中索取相对有限时段的活动。心理时间的多少，取决于其在场者意识生命体对自身意识的多少，即取决于自我意识意识自身的多少。当意识生命体以自身为意识对象，同时在对自身的意识中生成自己的差别性，而不是与动物的生存延续本能相关联的相关性时，人的意识生命就生成为自我意识生命体。

自我意识这种文化心理现象，带有一切现象的特点。任何现象，作为一种实存现象，存在于各种子现象的结构中，这即现象的建构性；任何现象的实存，又离不开其生成的动力性，这即现象的解构性；而且，个别现象的建构和解构，无不是一种有限性的现象。现象在建构中期待被解构，在解构中期待被建构。个别现象由建构生成为解构，或由解构生成为建构，即这种现象的相关性。没有永恒不变的现象，同时，没有永恒变化的现象，这是因为现象的相关性。建构性、解构性、相关性，是现象成为现象的三种规定性。它们彼此差别，又相互关联，使现象作为实存性的现象而可能。具体展开现象如何现象的规则，即现象的建构性原理、解构性原理、相关性原理，这为现象人类学的课题。

文化心理现象，是相对文化精神现象而言的。文化内含两个层面：心理内在层面与精神外在层面。文化心理内在层面是个体生命的文化本源，文化精神外在层面为人类生命的文化存在。前者从本源论的意义上把人从自然人生成为文化人，后者从存在论意义上把人从自然人确证为文化人。不同的文化，主要是个体生命间文化心理和种族生命间的文化精神的不同。[10]

从心理价值逻辑、社会价值逻辑到历史价值逻辑，其根本的特征是它们的生成性。作为生成性价值逻辑相的起点和本源，心理价值逻辑的表象即意识生命存在的逻辑，意识不但意识自身，而且对意识外的意识者（或作为意

---

10 参见，查常平：《人文学的文化逻辑——形上、艺术、宗教、美学之比较》，新北：花木兰，2021 年。

识生命的他人）、物质、生命、生理现象有意识。用 K.拉纳的话说，物质性的在者向外表露的是它的实性，其深层并没有觉在；"它不可能以其表达出的形式为表达者自己所禀，它只作用于其他东西；它原本只是向其他东西表现它之是，而对自身却是隐而不现的。它之被照亮不是为了自身，而只是离开自己趋就他物。只有在人身上，它才以思想和行为对自己本质的表达而第一次完全回归自身"。[11]更准确地说，人是以意识的方式回归自身，在对自身的意识中生成自己的存在。

意识生命体的主要职责，正在于对人自身的意识。这种内向性意识，在人的心理中形成其不可动摇、不可替代的我体人格。从意识内容看，我体人格包括潜我意识、自我意识、超我意识；从意识结果看，我体人格内含潜我、自我以及超我。

潜我意识把人的心理价值逻辑和生理价值逻辑关联起来，将动物本能转化为人的生存、延续本能；自我意识创造人的主体化及客体化存在本源；作为这种本源的外在表现，人的超我意识把人引向精神的存在，让人从文化心理中解放出来。这种解放的方式及其结果，为形上的、艺术的、宗教的精神样式。[12]

---

11 K.拉纳：《圣言的倾听者》，朱雁冰译，北京：生活・读书・新知三联书店，1994 年，第 53 页。

12 1997 年的完成稿中，接下来的论题如后，构成《人文学的文化逻辑——形上、艺术、宗教、美学之比较》中"文化的逻辑（文化心理）"部分："文化的内在与外在层面 文化心理结构、文化心理动力、文化心理超越在自我意识中 作为客体化存在本源（文化心理结构）的生命理智、生命情感、生命意志 生命理智的知觉功能 差别性 生命理智的三阶段 反抗虚无与死亡的两种方式：原初概念、原初观念 科学、形上 理性文化 我思 理性我 生命情感的感觉功能 相关性 生命情感的三阶段 天人合一理念产生的原因 区别生命情感三阶段的根据 反抗虚无和死亡的两种方式：原初人格、原初形式 伦理、艺术 感性文化 我爱 感性我 生命意志的直觉功能 护守性 生命意志的三阶段 生命意志与时间的离缘和结缘 反抗虚无和死亡的方式：美学、宗教、伦理、艺术、科学、形上的定义 个别学问形态与精神样式的中心问题及其边界 此岸与彼岸、学问形态与精神样式的差别 原初超越、原初信仰的根据 美学的对象、语言、使命 美学与宗教在语言上的差别 意性文化 我为 意性我 文化心理动力分为主体生存力、个体共在力、我体同在力的原因 主体生存力、生理需要 个体共在力、心理需要 我体同在力、心灵需要 心理动力与心理结构的对应性 文化心理动力与文化心理结构相关的方式 超越的涵义 文化心理超越与审美超越 文化心理动力的内部超越 文化心理结构的内部超越 心理动力、心理结构的内部超越给与精神动力、精神结构出现的可能性 心理动力与心理结构的外部超越 主体生存力与生命理智、个体共在力与生命情感、我体同在力与生命意志构成超越关系的原因及实现方式

人物界

　　但是，人并不只是纯粹的精神，他还有物质的一面。人被称作人物，这在表达人同物质的相关性的同时，又指出人和一种非物性的、一种使人成为人的精神相关。个人带着他的物质——身体，和精神这个意识向我意识而构成的生命体，在和另一个意识者的相遇中融汇为人物界。

　　人物界同动物界一样的地方在于：它们都是在物质层面相遇。无论相遇的场所还是工具，和物质的在分不开。不过，相遇目的的差别，决定了人和人的相遇，是为了交通各自的意识内容和意识方式；动物与动物的相遇，是为了向对方显明自己的生存性本能。动物界中强者生存的进化原则，其根据就在这里。如果用潜我、自我、超我三个术语来表达这种相遇，我们可以称动物界相遇在潜我里，人物界更多地相遇在自我、超我里。事实上，动物的相遇，并没有"我"的在场。弗洛伊德没有看到人的"潜意识"中"我"的存在，把它当作动物性的潜意识来理解。

个人性

　　当然，人物界的核心，还是个人这个意识生命体。意识生命体的个人性，不只是相对于社会历史中的他人的一种品性，更重要的是相对于一切个人之上的神圣他者。个人的个人性之根源，个人作为个人的原因，是个人之上的普遍自我的承诺，或是个我对普遍自我的承纳。一旦个人囿限于社会历史中的他人，其个人性最终将失去他必然的保障。社会历史中他人的有限性，决定着他所给与的个人性的有限性。有限性的个人性，不足以为个别的人物赋予绝对的价值、尺度。唯有在相关于普遍自我中，即相关于超我的精神样式中，个人才得到立根的基础而不至于向肉身的类性滑落沉沦。所以，个人性的绝对看守者，是非人又高于人的存在本身。他提升个人于平面的世俗生活

　　心理动力超越心理结构的结果　文化精神外在层面出现的必然性　文化心理内在层面与自我意识的关系　自我的生成　存在的主体化本源和客体化本源　自我的分解　自我的规定性　超我意识与文化心理内在层面　超我意识与文化精神外在层面　超我意识与自我意识　从生成性价值逻辑相之间的相关性方面的讨论　从意识生命体与普遍价值的相关性和差别性方面的追究　普遍自我的纯粹性　超我意识以形上、艺术、宗教的精神样式承受普遍自我的在下承诺　从亚里士多德的《形而上学》看形上的对象（即全超验的形而上学）……宗教的人文性　宗教与美学的差别（即体验宗教论）"。其中，"美学的对象、语言、使命"抽离出来成为书中第6部分。

之上，他将每个人当作自己神性的承受者，他在人的意识生命中应许不同的心理内涵。因为，这种内涵又出自存在本身。其不同，最多是一种存在样式的差异，而不是存在者与生存者的差异。

将存在与生存区别开来的标记，是存在的向内性和由此生起的精神自我。意识生命体在哪里存在？答案显然是人的精神自我。自我作为我体人格的内核，是我自己的我。它既不像潜我那样关涉到本能的肉体生命体，也不像超我那样必须承纳纯粹精神的光照。自我只同人的存在相关，并从超越于一切个别存在者之上的普遍自我得到规定性。普遍自我借助形上的、艺术的、宗教的精神样式，透过个人的超我意识护守着自我，以免自我向潜我本能降落。所以，自我位于潜我和超我之间，它在远离潜我本能和投奔超我精神中构成作为意识生命体内核的我体人格。

自我的中间性，意味着自我在个人的心理意识中同由潜我本能所依持的肉身和由超我精神所凭靠的普遍自我不可分离。没有对超我精神的向往，自我的内容就纯粹是潜我本能；避弃潜我本能所提供的依凭，自我便成为幽灵一样的东西。超我精神即使在离开潜我本能的肉身后，也必须在文本中栖居，即以文本为自己的肉身。自我的中间性，使之不再成为良心的根源。因为，作为根源性的东西，必须是一个实存着的对象，其本身不能是游离的。说到良心，它更多地同人的应在相关，受人作为人的道德的制约。当然，在价值逻辑论的意义上，良心和意识生命体中超我精神的相关度，大于和其中的潜我本能的相关度。良心把人引向他应该存在的状态，并依此召唤人走入那样的存在，良心叮请人投奔存在。

在自我中存在

意识生命体存在于人的自我中，自我又是人从潜我本能中生起超我精神的中介。那么，在自我中存在的意识生命体的存在，也就是从个人的生存向存在本身的转化过程。人在生存中，在肉体生命的生长繁衍中，远离生存企及人的存在，企及位于人的超我精神之上的普遍自我。这样，人的存在，乃是个人成为人的过程。前面所提到的人的存在本源，实质上是一个生成性而非现成性的观念复合体。本源的东西，只有在向存在不断地给与活动中才具有本源性。存在本源不断向人的意识生命体创造存在的内容，在存在的主体化本源的实践活动中，在我思、我爱、我为中丰富着人的生命内涵。

人的存在的丰富性，取决于其本源活动的剧烈性，取决于人对潜我的反抗和对投奔超我的渴望。相反，人从存在退化为生存，正是只以潜我本能为自己的人生的全部活动的结果。在这样的退化历程中，人不是没有渴望而是只渴望肉体生命的生存延续；人不是不投奔超我精神而是只以超我精神的虚幻构造为价值。这是乌托邦理想和物质主义相结合的心理原因。凡是只以肉身为存在内容的人，对巫术的、气功的、神秘的、幽灵的东西都有内在的兴趣。难怪今天物质主义的信仰者，纷纷转向了对这些事物的神秘膜拜。这种兴趣指向追求人肉身的不朽。

存在者

价值逻辑论区别的在者、生长者、生存者、存在者、共在者、同在者，是各个价值逻辑主体的身份标示。当人被称作存在者的时候，人作为人的根本特质乃是他的存在性。由人的潜我本能接替出的生存性，仅仅构成人的存在性生起的出发点。个人作为存在者的存在，是社会价值逻辑与历史价值逻辑的本源给与者。它将价值逻辑论中的生成性价值逻辑相与现成性价值逻辑相彼此区别。价值逻辑相的生成性，实质是以个人的意识生命体为内涵、以精神生命体、文化生命体为外延的存在性。即使在社会共在者、历史同在者中，存在者的个人性依然是其内在的规定性。

存在者在生存活动中领悟存在。换言之，自下而上言，存在者是存在的承受者；自上而下言，存在是存在者的承诺者。存在给与存在者以存在性，而不只是其在性、生长性、生存性。充当给与者的存在本身，当然是自我给与的存在，而且，他必须和存在者享有同样的位格性。就有限的存在者言，个别存在者对存在的领悟永远是片面的、有限的；相对存在本身言，存在却完全领悟着个别存在者，而且，又不能在自己的领悟活动中降格为个别的存在者。否则，存在自身就不可能永远地承诺存在者了。

存在为了实现自己的存在性，祂必须是永生的存在者而不是有限的个别存在者。若存在为着领悟存在者的缘故降生为存在者，这个降生的存在者必须复活为存在本身。若存在以存在性为自己的规定性，祂就得向全体个别存在者显明。否则，祂何以标示出自己的普遍存在性呢？所以，若没有存在，就没有存在者；若没有存在者，就没有人这样的生存者，或者准确地说，人将退化为纯粹的生存者；同样，假如没有存在的降生复活，存在者就不可能从存在得着自身作为存在的规定性。实存主义者在这点上，没有看到人作为肉体生命的生存与作为意识生命的存在的区别，错误地把人的生存状态当作人的存在状态，错位地以人的存在意涵规定人的生存。

所以，存在者必须存在，存在必须存在，并在降生为存在者中为个别存在者建立存在的样式，又在复活为存在中把个别存在者引向存在。唯有人这个存在者，才分享着存在本身，从中吸取自己的存在源泉。存在的位格性，乃是人的人格性存在的有机部分；相反，人的人格性存在，源于对存在的位格性的承受。

存在者的存在性，基于存在的在上承诺；存在者的"者性"，把存在者和存在相差别。存在者永远是在下的在者，它不可能越过自己的者性跃升为存在。纵然人类历史上有存在者替代存在的现象，但一切替代存在的存在者，最终都以堕落为生存者而告终。不但这种跃升未把存在者纳入存在之境，而且使之丧失了存在的尊言，玷污了存在本身。存在者有宣告自己替代存在的自由，但他没有背弃存在而在的自由，更没有抵制被存在驱逐的自由。

第二十二节　心理价值逻辑的有限性

普遍价值和社会价值逻辑对心理价值逻辑的限制

作为生理价值逻辑的心理化形式，心理价值逻辑受制于生理价值逻辑。这种限制，具体通过人的心理意识中的潜我本能展现出来，并且为意识生命体走向沉沦给出了可能性。只要人未摆脱潜我本能，只要人在生存中存在着，他就可能背弃存在堕落为生存者。意识生命体这个心理价值逻辑主体的生成性，表现在它对个人从生存投奔存在的内在要求中。个人何时停止这种投奔活动，他就要么宣告了自己为存在的化身，要么滞留于生存者的水平上、充当生存者的替身。

同样，作为个别价值逻辑相的心理价值逻辑，还受到普遍价值自上而下的限制。不过，心理价值逻辑对这种限制的自觉，使之同其他现成性价值逻辑相所受普遍价值的限制相区别。心理价值逻辑的主体，是意识生命体；意识生命体的特征，在于意识对对象的意识和对自身的意识。意识，意识到自己在意识。在价值逻辑论关于人的心理意识的言述中，普遍价值对象化为普遍自我，因着超我意识的媒介注入人的自我意识中，从而生成人的主体化和客体化存在本源。人的自我意识，恰恰是人作为人的心理学标记。假如自我意识是普遍自我的个别承受者，那么，承诺着个别自我意识的存在性的普遍自我，必然是一个意识性的存在。于是，普遍价值在普遍自我的意识中，限制了个别自我意识在上所及的边界。个别自我意识，最多只能从意识着的普遍自我那里领受部分意识内涵，生成自己的意识生命体。心理价值逻辑因普遍价值的限制而具有的有限性，使意识生命体中的我体人格永远处于在下的地位。个人无论有多么广阔深刻的意识，他都不可能取代普遍自我本身，更不可能自下而上地承诺普遍自我所依持的普遍价值。普遍价值的源泉，不在个别心理意识生命体里，而在那承诺自己的普遍性的终极信仰所相信的存在里。正是存在本身给与存在者以存在性，同样，是普遍自我在下临在于个别自我才使其拥有了我性，更是普遍价值在意识中对个别心理价值逻辑相的绝对设定才使其获得不可替代的相位规定性。

除了在共时性意义上普遍价值限制着心理价值逻辑外，在历时性意义上，它还受到生理价值逻辑与社会价值逻辑的限制。生理价值逻辑如何心理化的问题，便是对它如何限制心理价值逻辑的回答。在此，价值逻辑论，有必要对社会价值逻辑如何限制心理价值逻辑的寻问加以探究。

在心理价值逻辑主体中，意识生命体的构成者超我意识，在承受了普遍价值的在下承诺外，还将其所承受的精神本身向他人显现。形上的、艺术的、宗教的三种精神样式，既是个人独立存在的明示，又是个人以自己的个人性走向他人、同他人共在遭遇的资本。形上观念的超验性、艺术形式的先验性、宗教信仰的体验性，带着精神的普遍性特质，因而有力量实现个体生命的聚合。人和人之间在心理意识深层中的对话，无不是形上观念的、艺术形式的和宗教信仰的对话。至于表层的相遇，则呈现为科学概念、伦理人格、审美直觉的方式，最后才是人作为生存者的相遇。这里，表层不等于肤浅，深层并不指深刻，它们是就学问形态与精神样式同人的存在的相关性而言的。精神样式除了向他人显明外，更侧重于为人的精神性存在给出依据。学问形态中，科学关怀物质性的在者、生长者及生存者，伦理关怀意识生命体之间的关系，美学则以造就人的生成性存在为目标。它们虽然在终极意义上同普遍精神相联，但不像精神样式那样直接朗现着精神的存在。

社会价值逻辑，昭示出心理价值逻辑主体的类性。个人在社会中，才现实地将个人从普遍自我的承受中敞现出他的我性。当某人被称作个性化的存在者时，一方面是指他以个别的方式领纳了普遍自我，他方面是捐他在由他人构成的社会中的唯一性。要是心理价值逻辑不在社会中某求现实的彰显，它所生成的意识生命体即使同普遍精神相关也如同虚无。因此，一切意识生命体的最终使命，是将自己领纳的存在性实现于同他人的共在和人类的同在中。并且，在这样的实现中，心理价值逻辑才能作为个别价值逻辑相在价值逻辑序列中享有独立的地位，由意识生命体所成就的个体生命才在其有限性中获得不可替代的存在者身份。

意识生命的对象性

心理价值逻辑的有限性的原因，在于意识生命自身的对象性。那限制意识生命的，恰好是它的对象。意识必须以心理价值逻辑所带出的在者、生长者、生存者为对象，它要意识在上的普遍价值存在的必然性，同时要意识在自己之外的意识者（他人）。其中，能够使意识者去意识对象的能力，源于意识对自身的意识能力。作为意识生命体的个人，同物质自然体、自然生命体、肉体生命体的差别，仅仅在于个人的意识性。意识因着意识自身和之外的对象，使意识生命体构成心理价值逻辑的主体。

所以，心理价值逻辑，实质上是关于意识如何存在的逻辑。又因为意识的生长性，价值逻辑论于是把心理价值逻辑主体规定为意识生命体。

在关于意识生命的存在逻辑里，我们详细言述了意识如何同人的存在本源相结合而被分解为潜我意识、自我意识、超我意识。这种划分，旨在言述的方便，而不是说有的人的意识仅限于其中的一种。

作为后验差异性的人

意识生命体意识内容和意识方式的差异，导致了意识生命体的心理差异。有人潜心于对人的生存延续本能的意识，有人专门对超我精神样式的意识，更有人将生命执着于对自我的意识……。人选择什么对象和以什么样的方式来意识，就注定他是一个什么样的存在者；而这一切，只对意识者本人才有意义。况且，是他在自己的意识中把自己造就为一个差别性的意识生命体。价值逻辑论把它称为人的后验差异性。

人的后验差异性，在阐明人作为人的个别性的同时，也把这种个别性的形成原因昭示出来。个人作为意识生命体，其内在的规定性即他的我体性。通常所说的个体性，只不过是人的我体性的社会化形式。所谓人与自我的关系，其核心乃是人的我体性。我在人的主体化存在本源中，我后验地在我的思、爱、为中，将自己独立生起在虚无地平线上。个人之所以是个别的意识生命体，就是因为在他的意识中自始至终有我的在场。意识生命体于潜我意识、自我意识、超我意识中，正是为了把我从虚无地平线中拯救出来。我体的绝对性，在终极意义上由普遍自我在下承诺，并受存在的我性绝对地看守着。我体为一生成性的、开放性的实体。

人在意识中

潜我意识、自我意识、超我意识，都是我在意识和我的意识。我诞生于我的意识中，我的意识保证我是一个差别性的存在者，因而我同样是个别性的存在者。但是，我是在意识中的人，这不仅将我的意识归属于我的意识生命体，而且把它归向一切同我一样的人类。我在为自己的存在的意识中，为人类潜在地意识着。我意识到在我之外另一个在意识中的我，又意识到在我之上的那一位给与我以存在性的存在本身。不管我怎样意识，我总逃不脱我的意识的有限规定性。我总是我的意识，同时又在生成着我的意识。

自我的心理差异性

潜我作为我对生理价值逻辑的承纳、超我作为我对社会价值逻辑的开起，因其同其他价值逻辑相的相关性，使两者在人的心理价值逻辑中丧失了主导性的地位。相反，在自我意识中呈现的我，既是潜我意识又是超我意识的意识者，是潜我和超我中的我性的绝对给与者。即使我总是和我自己告别，但那告别后留下的还是我。

"我总是不知不觉，我就和自己／进行一次告别。那个往日的我／太容易感动，也太容易感伤／他总在和我的告别中变成／跟在我身后的影子。或许／他不愿意和我告别，不愿意／从我的未来离去。一个人的未来／会不会需要他的过去？"[13]诗人在这里写出了那个"太容易感动，也太容易感伤"的"我"如何如影随形地跟着他。无论怎样，人的未来总是伴随着他的过去的"我"之影子。人的自我在同自身的告别中隐藏在表面上是另一个的、实质上还是同一个的"我"之中。保罗认为这个属于血气的"老我"与属于基

---

13 参见诗歌《纪念》，远人：《你交给我一个远方》，广州：花城出版社，2015 年，第 191 页。

督的"新我"的争战，将贯穿在基督徒的一生中。这正好从信仰的角度说明了"我"的顽固性。

这个我的核心，由文化心理结构、动力、超越三方面构成。自我的我性，最终由差异性的文化心理决定。不同的文化心理结构、动力、超越，将导致自我意识的内涵及方式的不同。那使我体成为相对我的对象的东西，正是我在文化心理层面所展现出的我同其他意识者的差别性。

但是，自我在文化心理上的差异，其表象形式为意识构成的差异。意识生命体如何把自己构成为存在者以及以什么来构成自己的存在者性，这给出意识生命体的个人性或我体性。价值逻辑论只对意识生命体的一般构成特性加以言说，它不可能也不应该为每个意识生命体制定出如何生成自我的方案。更准确地说，价值逻辑论关于意识生命存在的逻辑探究，仅仅代表我个人的意识。它是对人这个存在者的一种把握而不是对存在者全体的完整把握。在此意义上，心理价值逻辑的有限性，依然对价值逻辑论有效。作为个别价值逻辑相——心理价值逻辑的主体，个别的意识生命体无权宣称他把握了存在者全体和存在本身。否则，他的任何有限的把握都是对存在本身的否定，因而是对存在所敞明的真理的否定。

第二十三节　心理价值逻辑的意义

心理价值逻辑对普遍价值的意识

心理价值逻辑相在价值逻辑序列中的出现，前所未有地改变了一切现成性和生成性价值逻辑相的景观。其意义，体现在共时性上是对普遍价值的意识，在历时性上是对现成性价值逻辑相和对其他生成性价值逻辑相的意识。

心理价值逻辑这种关于意识生命存在的逻辑，既是对意识本身的意识，又是对意识外的对象的意识。所谓意识，即把对象纳入差别性的序列中，从差别者中识出相关性，从相关者中识出差别性。作为差别能力的意识，显然同一种自我差别的同一性存在相关。若意识只寻求差别者之间的差别，其结果必然是混杂的一体；若意识只在相关者之间意识其彼此的相关性，这将导致相关者的混沌。

普遍价值以终极差别为价值

普遍价值能够给出个别价值逻辑相的个别性，因为它是以终极差别为价值的价值。心理价值逻辑以意识承受普遍价值，就是要在终极差别的护持下最终意识一切对象的差别。这首先是对作为意识的存在者和存在本身的差别性的意识。

存在者差别于存在，存在者和存在的绝对分隔，即终极差别。存在者永远是一个在者而非存在本身，存在永远是存在本身而非在者。但是，存在者和存在的差别，也内含着一种相关性，一种存在者从存在吸收存在源泉的相关性。这种相关性，由终极信仰得以表达。

存在者企达存在之路

存在者信仰存在本身存在，这就是终极信仰。作为信仰者的存在者和作为被信仰的存在，唯有在双方保持绝对分隔的时候，终极信仰才是终极性的信仰。既然是绝对分隔，有限的存在者就不可能通达存在；既然终极信仰内含存在者与存在的相关性，那么，唯有存在降生为存在者，否则，存在者便没有办法信仰他所信的存在。但是，假如由存在降生的存在者和其他个别存在者没有差别，那么，这个存在者就不可能是由存在降生的。因此，他必须是一个回归存在的存在者，必须从存在者的者性中、从死亡中复活为存在。存在降生为个别存在者，同时个别的存在者复活为存在，为一切个别存在者走向存在开出了道路、中保。在降生于存在又复活于存在的存在者面前，其他的个别存在者只有信仰祂的作为，因为从存在者到存在，永远没有通路。而且，存在降生为存在者，为其他个别存在者带来光明，这本身就是存在之恩典的表达。对那些从存在获得存在性的个别存在者言，唯有感恩的权利。难怪历史上的耶稣称祂才是道路，才是真理和生命。对此，克尔凯郭尔将其表述为："有限的理性只能把握一切有限而有理性的东西。因此，有限的理性不可能把握上帝。在悖论的意义上，即便要获得并非人一样的上帝的知识，人需要上帝的帮助。人与上帝的鸿沟，唯有源于上帝一方从至高处通过言成肉身才能架起相通的桥梁。"[14]因唯有祂是来自于"我是其所是"的那一位存在，唯有祂是归向于存在的存在者。若存在者丧失了自己的存在性，那祂

---

14 Colin Brown, *History and Faith——A Personal Exploration*, Michigan: Academie Books, 1987, p.27.

不是丧失了生命么？若存在者未意识到自己如何存在，那祂不是迷茫于真理么？

只要存在者相信自己存在而不是虚无，只要存在者相信自己不是存在而是差别于在者、生长者、生存者的意识生命体，他就必须意识自己作为存在者的存在性的根源，并意识自己同存在的相关性和差别性。这种意识的产物，除了认定存在降生为存在者又复活为自身对自己的存在的意义外，作为意识生命体的存在者便别无选择。

此外，心理价值逻辑从普遍价值所承受的意识能力，还得在历时性上向现成性价值逻辑相及其他生成性价值逻辑相伸展。

对现成性价值逻辑和生成性价值逻辑的意识

价值逻辑论能够对物理的、生命的、生理的价值逻辑相加以言说，原因在于这些现成性价值逻辑相对意识生命体出现于价值逻辑序列中的期待和预备；相反，这种言说，也是心理价值逻辑向物质自然界、自然生命界、肉体生命界主动临在的产物。意识生命的对象性，要求它在向其对象的意识中将对象的差别性呈现出来。

在根本上，心理价值逻辑为意识生命存在的逻辑，即意识以自身为对象的差别性言说。意识意识自身，是其意识其他对象的前提，没有对自身的边界及运作方式的意识，意识就无法意识其他对象。正是在这个意义上，价值逻辑论对意识展开了深广的意识。从意识与我的关系到意识的分类，从人的意识的主体化本源到客体化本源，从学问形态的心理学根据到精神样式的普遍必然性，无不被纳入意识生命的存在逻辑域限。

我体人格中的超我意识，既是个别自我向着在上的普遍自我的超越，又是个别自我向着社会的超越。前者构成个别自我凸现于虚无地平线上的终极根据，后者为个别自我承诺现时的背景。单个而不在社会中的个别自我，不但没有个别性，而且没有普遍性。普遍自我若不降临于现时的个别自我，它何以确立自己的普遍性呢？况且，意识生命体不能只以现成性的在者、生长者、生存者为意识对象，他还要在意识自身的生成性中意识到其他意识生命体的意识，意识到在自身之外他人的意识。心理价值逻辑的意义，由此显明在它的社会化活动中。在价值逻辑序列中，它必须向社会价值逻辑过渡；个别意识生命体，还得对自己与他人（其他个别意识生命体）的相关性与差别性加以意识。

个人关于心理世界差别性的规定

在现成性的物质世界、生命世界、生理世界面前，人类应该而且能够取得共识。现成性价值逻辑分别作为对现成性世界的规定，乃是人类的共同性决断。相反，生成性价值逻辑主体的生成性，使任何关于心理世界、社会世界、历史世界的规定都带有开放性的特点。不仅那意识者是开放的，而且那被意识的对象也是开放的。所以，心理价值逻辑是个人对心理世界的差别性意识或规定。

由于在价值逻辑序列中有现成性与生成性的价值逻辑相的差别，因此，不能以一种价值逻辑相的规定去代替另一种价值逻辑相。价值逻辑论在考察个别价值逻辑相的相关性的同时，还要将这种相关性置于差别性的守护上，还要言述相关性中的差别性。

心理世界的差别性，根源于个人作为意识生命体的意识构成的差异性。心理价值逻辑，要在虚无中确立的是个人的存在。这种存在者的存在，根植于意识生命体中我体的样式。当然，价值逻辑论，并不是一种关于世界的无边界的绝对多元论；相反，它却企图阐明世界的终极边界，又在这样的边界中把世界还原为个别的价值逻辑相。所以，价值逻辑论在展开过程中，始终从普遍价值和个别价值逻辑相的关系中呈现价值逻辑相的个别性。

第二十四节　心理学

关于意识现象的逻辑图式

每种个别价值逻辑相，在过去都有相应的学问形态研究它们。心理价值逻辑相，也不例外。每种学问形态，对应着一种个别的现象界：如物理学与物理现象、生命学与生命现象、生理学与生理现象、心理学与意识现象、社会学与精神现象、历史学与文化现象。从此可以看出：现成性价值逻辑相所对应的学问形态同其相关的对象——物理、生命、生理——相关，生成性价值逻辑相所对应的学问形态同其相关的对象——心理、社会、历史——差别。后者在另一种现象中得到规定。在价值逻辑论的意义上，学问形态包括物理学、生命学、生理学、心理学、社会学与历史学。[15]

---

15 笔者还认为文化的显结构即理性文化、感性文化、意性文化中各自包含一种学问
　　形态与精神样式，即科学、伦理、美学与形上、艺术、宗教。

心理学是关于意识现象的逻辑图式。对心理学，并不存在一个现成性的心理对象。离开意识的意识活动，心理学就没有研究对象。当然，这种意识活动，既包括研究者的内在体认，也内含他人意识活动的文字陈述。心理学在差别于肉体生命体的世界之上，展开意识如何自我生起的方式。价值逻辑论对我体人格中意识构成的详尽讨论，实质上属于心理学的内在部分。

心理学的起源

除了作为意识生命体的意识者之外，意识现象还将意识的对象、意识如何意识不同的意识对象、意识在意识活动中带出的文化精神样式及向他人显明的学问形态纳入自己的视域。心理学的使命，就是要在上述现象中阐明其既相关又差别的逻辑图式。心理学的起源，因此是出于人自我认识的需要，或者说是个人为了认识他人的需要，即每个人把自身当作人来理解的需要。

价值逻辑论在此所说的心理学的起源问题，并不涉及该问题在历史进程中的事实方面，而是就其同人的关系来回答人类为什么创造出心理学这种学问形态。当个人意识到自己和肉体生命体有差别的时候，进而意识这种差别的根源是他所拥有意识品性的时候，心理学便在这样的人心里面开始萌芽。诚然，对意识现象偶然的自觉，并不能代替心理学家对之的深度系统考察。但就个人作为意识生命体言，每个人都是心理学家。而且，个人必须是心理学家时其存在才得以完全。试想，若一个人对自己的心理毫无意识，他怎能去意识他人的心理需要？他又如何同他人的心理世界相沟通？

有了对自身心理的意识，仅仅构成个人意识他人的前提。意识者要同在自己外的意识者相交通，还得将自己的自我意识建立于在上的普遍自我之上。借助普遍自我的光照，使自己的个别自我和他人的个别自我相遇。

个人与自我的关系

个人意识自己的心理世界，最终是为了造就自己同自我的关系。在人的潜我意识与超我意识中的我，乃是由于人的自我才被凸现出来。这样，我体人格中的自我意识，对作为存在者的个人而言处于核心地位。

不过，个人与自我的关系，和个人与自然（物质的、生命的、生理的）的关系，有着根本的不同。前者的生成性，使个人的自我处于未完成状态。个人的一生，除了在虚无地平线上建立自己的我之外别无它途。自我与个人，是一种相互生成、相互往来的关系。个人通过其意识活动，才逐渐发展出自我的个别性。这样，意识生命体在意识自我的活动中所得出的意识，同属于意识者及所意识的自我本身。而以个人与自我的关系为对象的心理学，要是离弃普遍自我的光照，就不可避免地将陷入常态与变态的区别境地，即被区别为常态心理学与变态心理学。或用一般的话说，心理学永远带有个人性而非普遍性。

但是，普遍自我的在下承诺，为心理学成为一种学问形态给出了可能性。个人的心理意识越是渗入普遍自我、普遍差别、终极信仰，由这种意识构成的他的心理学就越有普遍性。基于对心理学的如此理解，心理价值逻辑自然地关涉普遍自我与个别自我、神学与心理学的关系问题。

心理学的人文性

心理学不可能向实验科学过渡，这源于心理学的人文性。实验心理学，作为科学主义的一种心理学形式，给心理学带来的不是昌盛而是覆灭。其逻辑前提为：人的意识生命体，是和物质自然体、自然生命体、肉体生命体一样的生命体。它忽视了它们之间的差别及意识生命体所有的生成性特征。实验心理学，最多只能在论证科学的神化价值观方面起到辅助作用，不可能增进人类对心理现象的本真认识。

心理学的人文性，为确立人作为个别的存在者承诺一种可能性。心理学的研究对象，同现实的、具体的、存在着的个人相关。只要个人存在，心理学家就不可能宣告心理学的成熟；只要存在者同存在本身有内在必然的联系，心理学家便不得不意识根植于超我意识中的精神样式对个人的价值。他必须对形上、艺术、宗教及三者所带出的神学景观做根本的体认。价值逻辑论，把形上、艺术、宗教纳入意识生命存在的逻辑，其原因也在这里。

在言说文化心理动力时，笔者将人的心理需要分为个体同自我共在的内在心理需要和个体同他人共在的外在心理需要。在人的心理意识中，个人如何同他人实现共在呢？这涉及超我意识在个人的心理现象中的作用问题。

人的心理价值

超我这个超越自我的我，把我引向在上的普遍自我和其他同我一样在意识的我。超我在意识生命中的出现，为心理价值逻辑走向社会价值逻辑预备了必然性。人的心理价值，就在于他在对自己的意识中同时为他人贡献出一种个别的意识景观。这种景观的诞生，离不开个别意识者向他人的呈现，离不开超我对自我的个人性的超越。心理学在把个别意识者的意识引向明晰的逻辑图式的同时，为现时的他人乃至全体人类，都奉献出一种普遍的心理价值逻辑。

个人关于心理现象的价值论

个人对心理学的贡献，表现在他所呈现于他人的意识内容和意识形式里，这也是人的心理价值。事实上，个人能够同他人遭遇并开口讲述人的内在奥秘，只是因为他在意识着自身中又意识到了那在意识自身的他人，意识到个人的社会性。心理学是人关于心理现象间的差别性的意识体系。在这样的体系里，核心的成分还是意识生命的构成本身。所以，意识作为一种文化心理现象，其文化性在于任何意识体系都属于历史，其心理性在于这种体系指向个人的内在心理需要和外在心理需要。

心理现象的差别性意识，服从于意识生命体的成长本身，直接同作为存在者的个人相关。它同物理的、生命的、生理的现象差别性意识有本质的差异。前者是个人关于心理现象的价值论，是个人对自身的内在存在构成的差别性规定；后者是人类的知识论，是个人对自身的外在自然、生命、肉体构成的同一性规定。因此，尽管存在普遍的心理价值逻辑论，但没有普遍的对人人有效的心理学。相反，人类在知识论的同一性推进上，则最终以普遍知识体系的完成为目标。

这里，对心理学作为价值论的规定性的强调，并不导致我们否定心理学的普遍价值。然而，心理学唯有把自己同神学相关联，其充当学问形态的终极依据才得以成立。

心理学与神学

"就其原初本质而言，神学根本不是诸如一门其构成系由人自己所完成的科学。它原本是人对上帝按照他的自由决定、通过他自己的话语所表达的自我启示的倾听，这种倾听本身是已经被照亮了的。从首要的和原初意义上讲，神学不是经由人的思维所创立的有效定理的体系，而是上帝自己针对人而发的——尽管用人的语言——神性言谈的总和。"[16] 在此，K.拉纳指出了

---

16 K.拉纳：《圣言的倾听者》，朱雁冰译，北京：生活·读书·新知三联书店，1994年，第8页。

人同上帝的终极差别及其相关方式。正如价值逻辑论所言明的那样，从存在者到存在、从人到上帝并没有通道，唯有存在肉身化为存在者、上帝成人，同时这来于存在的存在者复活为存在、上帝之言成肉身的人复活为上帝之言本身，人同上帝才构成交通平和的关系。

从人的角度看，神学是对终极信仰的终极性的探究。不过，这种探究的结果，显明其本身是不可能的，它只暴露出人的神化欲望。因为，终极信仰的终极性，不可能奠基于有限的个人信仰上。假设终极信仰不向个别的地上存在者启示它的终极性，假设终极信仰的根源不来自于它自身，个人作为有限的存在者不但将丧失信仰的根基，而且没有所信的终极对象。当然，在终极意义上，人又离不开对终极信仰的信仰，即使将地上的在者、生长者、生存者乃至存在者个人误作终极的信仰对象。一旦个人否定终极信仰或神学的内在本质，他就必然陷入崇拜偶像的命运。

神学为上帝向人启示之言。上帝启示自己为自在永在，这指上帝存在的原因在祂自身，而且其存在超越于时间之上。上帝以终极信仰的方式承诺信仰者的终极性。上帝自身的存在同存在者的差别，就是普遍价值或终极差别。普遍价值为个别价值逻辑相的个别性给出普遍的承诺，而作为个别自我的源泉的普遍自我——上帝——在意识生命体中临在于个人。心理学关于意识现象的探究，为普遍自我的临在预备出场所。个别自我于超我意识中承受普遍自我的承诺，也是心理学在上承受神学承诺在意识现象中的相应方式。个别自我的在上承受与普遍自我的在下承诺的合一，带出形上、艺术、宗教三种精神样式。

形上是个别自我以人的存在的客体化本源中的生命理智为前景、在观念中追随终极信仰的精神样式。它把个别自我的观念提升到普遍观念（原初观念）的高度。形上从追问开始，以追随原初观念为终点。

艺术是个别自我以人的存在的客体化本源中的生命情感为前景、在形式中感觉终极信仰的精神样式。它给与个别自我以普遍形式（原初形式）。艺术根源于人的感受，表现为感觉形式。

宗教是个别自我以人的存在的客体化本源中的生命意志为前景、在信仰中护守终极信仰的精神样式。它将个别自我的原初信仰奠基于普遍信仰。宗教开头是人的顿悟，结局为对普遍信仰的持守。

因此，形上、艺术、宗教因同个别自我的心理结构相联系而属于心理学的关注对象，又因同终极信仰的在下承诺有关而和神学纠缠一起。个人与自我的关系在超我意识中，对象化为个别自我与终极信仰的关系。两种关系的确立，既离不开个别自我的向上承受，又需要终极信仰的向下承诺。承受者与承诺者、心理学与神学的交接，产生出形上、艺术、宗教三种精神样式。

第八章　社会价值逻辑

关于个别价值逻辑相的起源，价值逻辑论一般从它与普遍价值及其前后个别价值逻辑相的必然相关性方面展开言说。

普遍价值的普遍性，承诺个别价值逻辑相以个别性。这样，作为承受者的个别价值逻辑相，就不可能构成普遍价值的根源。那么，普遍价值根源何处呢？

普遍价值既是普遍性的价值，它必然同一种普遍性的东西相关联。根据价值逻辑论对价值和逻辑的理解，价值为人的差别性规定，逻辑为上帝的差别性规定。于是，出于人的差别性的普遍性，使普遍价值和出于上帝的差别性的普遍性的普遍逻辑合一。用另一种说法，普遍价值是人对上帝的差别性的承受，普遍逻辑为上帝对人的差别性的承诺。普遍价值等于普遍逻辑。

普遍价值的社会化

在生成性价值逻辑序列中，仅仅有心理价值逻辑并不足以证明在上的普遍价值的普遍性。相反，要是生成性价值逻辑序列中唯有心理价值逻辑相，那么，作为承受者的这种价值逻辑相就完全等同于普遍价值了。倘若如此，普遍价值或普遍逻辑，因个别价值逻辑相的神化而丧失其普遍性。

丧失普遍性的个别价值逻辑相，哪里还能看守自己的绝对个别性呢？个别价值逻辑相之间彼此僭越，最终导致全体价值逻辑相的毁灭。

从普遍价值与生成性个别价值逻辑相的关系中，我们得出社会价值逻辑相生起的必然性。普遍价值临在于心理价值逻辑相中的现时意识生命体，这意味着普遍价值的社会化。社会化的普遍价值，关涉个别的心理价值逻辑主体之间如何共在的问题。

心理价值逻辑的社会化形式

再从意识生命体内部看，社会价值逻辑是心理价值逻辑的社会化形式。

尽管以个人的个我对普遍自我的承受为基础，但因心理价值逻辑主体承受着普遍自我，其中的个我也是一种普遍性的自我。尤其是意识生命体中的超我意识，如前所述，它不仅是自我向在上的普遍自我的超越，而且是自我向他人的超越。超越所指向的对象，为超越者的超越给出场所。这场所对个别意识生命体言，就是和自己相对的其他个别意识生命体。存在者如何能够面对其他意识生命体呢？除了他人的意识生命体显现于精神外，难道还有别的途径吗？

答案当然是没有。作为精神样式的宗教，最为典型地体现出信仰者之间的相关性，即他们天生的社会性。在不同的信仰者之间，因对相同的信仰对象的分享而相关为个别的社会团体。信仰者单单领受到其所信对象的仁爱、恩惠还不够，他还必须把自己的体验同他人分享。一切宗教信仰最终形成信仰者的社团，其内在根据便在这里。

精神差别于意识，它要求自己向他人显现。精神性"并非退却或逃避入内心世界中去，因为精神恰恰是走出去的能力，真正属灵的人是能够走出去，或者在充分活动的意义上实存的人。"[1]如果形上、艺术、宗教三种精神样式只显现于人的自我意识中，那么，人类便不可能有关于它们的基本认识与知识。相反，正是它们潜在地将人引离个别的自我、把个人最终融汇于普遍自我中。所以，社会价值逻辑主体乃是精神生命体。个人在精神中相互共在、团契生成为精神本身的一部分。

社会价值逻辑昭示出历史价值逻辑

意识的对象性，一开始就包含对其他意识者的意识。这即是社会赖以成立的心理学前提。我在意识他人时，在我之外还有一个和我一样在意识我的存在者。我在意识中同他人的意识相遇，一方面是同现时生活中向我走来的他人相遇，一方面是在阅读他人所留住的文本中同历史中的他人相遇。但我的生活，无法越过社会中的他人直接潜入历史。我只有在同我一样意识着的他人的遭遇中，才能进入历史中他人的期待性文本。我在同他人的共时相关中，实现同他人的历时相关。作为社会价值逻辑主体的精神生命体，构成我

---

1 麦奎利：《基督教神学原理》，何光沪译，上海：上海三联书店，2007年，第469页。

从意识生命体跃入文化生命体的中介，正如社会价值逻辑相是心理与历史两种价值逻辑相的中介一样。

第二十五节　精神生命共在的逻辑

"社会本身是众人欲求合一的表达；它的病表现在不和的一切形式中；和平为社会健康的另一种名称。教会与国家、国家与国家、阶级与阶级的合一，以及所有这些东西同超自然的主与同伴的合一，是信仰者难以摆脱的欲求。"[2]其实，何止是信仰者，凡在社会中出场的人都渴望相互合一，为同样的目的共在团契。靠着超越自我的精神力量，人和他人共在。由此可见，精神对个人间的共在是何等的重要。

从文化心理向文化精神的过渡

文化呈现于历史中，隐含文化心理与文化精神两个层面。文化心理层面是文化的内在根源，文化精神层面为文化的外在形态；前者为个体生命而存在，后者为个体生命在现时社会中的共在呈现。人和人的不同，即文化心理的差别；个别文化类型间的差别，是各自所倡导的文化精神的不同。但是，个别文化类型中的个人作为人本身，不可能在文化心理和文化精神上没有共同性。至少，个人间有理想的文化心理与文化精神的意识。价值逻辑论，正是对各种价值逻辑的理想性言说。[3]

2　H. Richard Niebuhr, *Christ and Culture*, New York : Harper&Row Publishers, 1951, p.142.

3　1997 年的完成稿中，下面的论题构成《人文学的文化逻辑——形上、艺术、宗教、美学之比较》中"文化的逻辑（文化精神）"部分，插入在"超我意识以形上、艺术、宗教的精神样式承受普遍自我的在下承诺"与"全超验的形而上学"之间："文化精神结构　概念、人物、超越的功用　结构的待定性　精神结构与精神样式　人的主体化存在本源生成文化精神结构　文化精神动力　人从意识生命体向精神生命体的转换　人的四种共在活动　语言为精神生命共在之言、言语为意识生命存在之言　言语的向我性、私用性、封闭性　语言的向他性、公用性、开放性　话语的一般特点　话语与语言　话语与言语　场景　言说　倾听　对话　书写　阅读　文本间性　个人化文本与社会化文本　理想化的文本呈现方式　文本中的话语　语境　动力的注定性　文化精神超越与文化心理超越的差别　文化精神动力的内部超越：言语语言化、言说书写化、阅读对倾听的超越、文本对对话的超越、语境超越场境、历史时间对社会时间的超越　文化精神结构的内部超越：人格道德结构对概念知识结构的价值承诺、超越直觉结构对人格道德结构的从心理价值逻辑相开始，个别价值逻辑的主体——意识生命体、精神生命体、文化生命体——都不再是事实性的、现成性的实体，而是价值性的、生成性的空体。称之为空体，因为它们处于生成性的时间相中，处于有待完成的人生中。

社会价值逻辑，就其一般性言是精神生命如何同他人共在的逻辑。但具体而言，个体生命作为在场者，是以精神生命体的身份和他人共在。由共在者全体借助不同的亚团体构成的社会，为共在者共在的场所，其在场方式为共在。但是，社会的出发点和归宿点，不在于维护任何亚团体的存在，而在于个体生命间在相互共在中的存在本身。任何个别的共在者，只要遵循精神生命共在的逻辑，他就有共在的权利。相反，只要个别共在者追求精神生命而不是肉体生命之在，他就会自觉捍卫他人共在的权利。

精神生命间的共在，差别于心理价值逻辑中的个体共在力。前者指个体生命借听说读写活动与他人的交通，后者指人的心理动力中谋求和他人合一的心理倾向。在相关性意义上，后者为前者给出现实的可能性。

个体生命作为精神生命和他人共在的逻辑，也是精神生命在社会中共在的逻辑。社会只不过是全体共在者构成的共在者全体。全体共在者如何相互共在，成为社会学的研究对象。

人间界

由于并不存在一个没有个体生命的社会，所以，个人作为精神生命体与他人共在生成的，是人间界而非社会界。人间界把人纳入同他人的相互共在中。这种纳入，不像将一个物体放入另一个，而是个体生命的自觉参与。即使是极权社会这种社会形态，在最低水平上也得培养一些自觉参与社会活动的个体生命，尽管极权社会的最高统治者和其他人没有平权的共在关系。相反，真正的人间界意味着：凡是存在者都是共在者，是和其他个别存在者相互关联的共在者。在终极意义上，没有人不是生活在与他人的共在关系中，即使那些自以为退出社会生活的隐士。隐士之间还有神秘的共在相契关系。

价值承诺、历史价值逻辑对社会价值逻辑的超越　精神动力对精神结构的外部超越　精神超越的不定性　精神超越的结果：个体生命与人类生命　文化生命体作为历史价值逻辑主体出现的必然性"。

社会性

社会性被称为人的本质属性，只因为社会性和共在性的相关性。倘若社会失去共在者的共在，倘若极权社会的最高统治者剥夺了个人和他人共在的权利，那么，这样的社会所承诺的社会性就沦为奴役性。社会性的根源，不是人对人的奴役而是人与人的共在，不是人对人的放置而是人与人的相互选择。社会一旦堕落为迫害个体生命的国家机器，那样的社会便失去了存在的内在根据。为人的社会性辩护，最终必须是为人作为共在者身份而存在的权利辩护。

在他人中共在

社会时间的向他性，在本源论上和心理时间的向我性相关。个体生命在社会中共在，目的在于造就个体生命向我的存在，在于丰富个体生命的存在性。他以共在的方式赴身于他人中而非置身于他人中。置身者将自己的肉身放在他人面前，或许是出于外在的某种原因。相反，赴身者带着自己心理的和精神的世界，同他人的心理、精神遭遇。除了受自己的内在意志的驱动外，赴身者将不会向他人赴身。所以，真正的共在，乃是存在者之间的相互存在、彼此往来。在他人中的存在者，必须和他人建立共在关系。这些向我性的共在者，因其和他人发生内在关联而获得了自己的向他性。共在者在共在中向他人共在。

共在者

在社会价值逻辑相中，个体生命从存在者展开为共在者。共在者彼此分享对方的存在性，并在相互分享中临近存在本身。人从个别性的心理个体过渡为超越个别性的有限社会的一部分，但任何个别的人即使伪装为有限社会的统属者，他也不可能脱离自己的向我性，不可能抹去自己的个别性。只是在这个时候，他把自己的存在者身份而不是共在者身份神化了。即作为共在者的他，已神化为神圣性的存在者本身，甚至神化为存在本身，进而取代了存在本身。对这样的存在者，存在不再是他渴望企及的目标而是他占有的对象。但是，在终极意义上存在者与存在的间距，迫使他宣称存在本身的虚无性。因为，存在者的个别性限制了他代替存在的可能性，因为存在不但是存在者存在的根源，而且是共在者的共在、同在者的同在、生存者的生存、生长者的生长、在者的在之给与者。在此意义上，个别的存在者若代替了存在，他就必然会对社会中的共在者、历史中的同在者乃至生命世界中的生存者实行专制。但是，只有存在本身存在。

共在者如何守护自己的共在性呢？除了使听说读写的共在活动成为个体生命的基本权利外、除了向历史中的同在者升华并进而在共在者全体之上仰望承纳存在本身外，共在者便不可能守护自己的共在性。存在应许任何个别存在者以存在性，共在者凭着这种应许的存在性和他人（其他存在者）共在。

第二十六节　社会价值逻辑的有限性

个别价值逻辑相的个别性，并不起源于其他个别性的价值逻辑。因为，个别性的价值逻辑相不可能承诺自身的个别性。相反，一切个别价值逻辑相不管是生成性的还是现成性的，其最后的根源都在普遍价值那里。

普遍价值和历史价值逻辑对社会价值逻辑的限制

普遍价值，在下承诺个体生命以心理价值逻辑相。当这种个体生命相互共在时，它又为共在者全体给出社会价值逻辑相，使精神生命在同他人共在中拥有价值逻辑论的依据。作为给与者的普遍价值，当然限定着作为被给与者的社会价值逻辑。后者在终极意义上不可能替代前者，不可能放弃价值逻辑序列中的其他价值逻辑相。换言之，只有在社会价值逻辑所置身的价值逻辑序列中，它才有其普遍的个别性。

社会价值逻辑，是精神生命相互共在的逻辑。这构成普遍价值限定社会价值逻辑相的个别性的方式。既然为精神生命的共在，那么，在社会中的共在者的精神生命，便是相对他人（其他共在者）而存在的存在者。个别存在者，因为和他人共在而受到他人的存在的限定。所以，他人就是共在者的边界。只要他人在场，共在者就必须把他当作自己一样的存在者来对待，否则，共在者便失去自己的共在者身份。

在生成性价值逻辑相中，社会价值逻辑除了受到心理价值逻辑的限定外，还受历史价值逻辑的限定。精神生命体在同他人共在中生成的精神性，其最后的归宿是历史价值逻辑中的文化生命体。这种生命体，离不开读写活动对听说活动的有限性的超越，离不开文本的历史性对对话的社会性的超越。在时间历史论中，这也是时间的历时性对其共时性的超越。对话的时间性，具有共时性的特点，在场者必须处于共同的时段上，属于同时代的人。社会团体形成的基础，就在共时性的对话里。文本的时间性，以历时性为规定性。文本的书写者和阅读者处于不同的时段上。

历史中的同在者全体，只因为有共同的时间观——公元时间观——才在不同的时段上相遇。而且，作为同在者的个体生命在历史中，正是和共在者全体所生成的精神本身相遇，否则，他就是一个共在者，一个肉身在场的和历史无关的存在者。

作为同在者的个体生命限定了作为共在者的个体生命，他要求自身赴身于历史上的同在者全体，赴身于一切同在者身上所留存的精神生命。历史价值逻辑的个别性，在于它为共在者全体在精神层面上相遇给出了场所，即个体生命和精神本身相遇的场所。而社会价值逻辑，只意味着标明个体生命作为精神生命体的存在方式。要是没有读写活动的赴身，个体生命在社会中共在但不可能在历史中同在，不可能和历史上的个体生命同在。要是长期远离甚至忘却自己的同在者身份[4]，人在社会交往中的共在活动，也将沦为肉身的而非精神的在场，他的话语里只有语言而无个人性言语的成分。

精神生命的人间性

社会价值逻辑的有限性，内在地表现于精神生命的人间性上。普遍价值及心理的、历史的价值逻辑相对社会价值逻辑的限定，最终必须内化为其价值逻辑主体——精神生命体——的自我限定。同意识生命体一样，精神生命体，不再是一个事实性的、现成性的实体而是拓展性的、生成性的空体；和它的差别在于精神生命体是一个向他性的而非向我性的价值逻辑主体。精神生命体通过和他人分享自己的精神性，实现自己的向他性。人在共在活动中向他人开放自己的我体人格，并接纳他人的我体人格，在承诺他人以心理言语的同时承受他人的心理言语。精神生命的人间性，指它必须在同他人的往来中生成自身。

精神生命要求共在者向他人而去，又在这种去中承纳他人的到来。它以对话和文本为中介，把个体生命聚集在同一时段上相遇。当然，在场的共在者应有独特的存在性，否则，这样的相遇就成为肉身的相互放置。我把我的

---

4 这指人在拒绝阅读历史文本中的不在历史中生存的状态。

肉身放在你面前，你将你的肉身放在我面前。相遇降格为肉身享乐的借口。这样的人们，仅仅在吃喝玩乐中吃喝玩乐。

但是，前来相遇的个体生命，从哪里获得自己的精神性呢？难道听说活动本身能为相遇者承诺精神性吗？难道没有读写活动就有历史的形成吗？这种追问暗示出社会的终极有限性。

人的共在者身份，还不是个体生命成长的最后目的。社会中的共在者，还不是一个同我一样的有限存在者？人从社会中不可能得到终极的承诺和应许。因为，共在者的应许，也许在场景消失后将被遗忘，落入虚无。共在者的最后家园，建立在他作为存在者与在上的存在相互交通的基础上。

作为后验差异性的社会

同一时段上与不同时段上的社会之间的差异，取决于其中共在者全体所参与的共在活动的方式的差别。总的说来，任何社会中的共在者，都以听说读写四种活动为共在方式。但是，如何听说读写、听说读写什么以及共在者的出场身份，这就构成了社会的后验差异性。同样是当代社会一部分的文学团体，在不同的社会中其功能相差甚远的原因就在此。

社会的后验差异性，不仅在事实性上被呈现出来，而且赋有生成性的涵义。个体生命的社会性，随共在者的共在而被生成着。个别的共在者在共在活动中，给与共在者全体以内容。社会在一定的相对时段内随之变化。所以，人的社会性，来自他的共在性的给与。任何个别的共在者，不可能也不应该充当共在者全体的社会性的承诺者。他作为存在者及共在者的有限性，限制他那样做。

人在精神中

在社会价值逻辑中，个体生命对象化为精神生命。精神成为个体生命的内在规定性。人在精神中，以精神的样式存在着。这种"在……中"，不是如某物体被放置在物理时空中的另一物体里，而是个体生命向精神生命的赴身、参与，是人作为个体生命向超越于个体的精神的更新。那充当目的的精神，也不是一个现成性的、事实性的供人进入的场所。精神，生成于人的精神性共在活动里，其现实的存在方式即精神样式。个体生命以精神的肉身化和肉身的精神化为典范，在向该典范的企及中把精神注入自己的肉身。于是，人的身体变形为精神栖居的殿，人的言行闪烁出精神的灵光。人和人的共在，因此转化为对同一精神的分享。社会交往中如果丧失这种精神性的维度，人与人的共在将沦为彼此的肉身放置，人的对话和文本也将只围绕肉身而展开。

自我的社会差异性

这根源于人这个精神生命体构成方式的差异性。人怎样建立自己的精神结构、他驱使精神动力的方式以及达成精神超越的深度，都在他的自我意识中留下不可磨灭的印迹。反之，个体生命，又以差异性的自我在社会交往中选择他的共在对象和共在内容。健全的社会，就在于它能够容纳差异性的自我意识，并为这种自我意识的交通提供自由的社会空间场所。

听说读写四种共在活动，乃是人在社会中共在的基本权利。个体生命作为有限的精神生命体，即使拥有极权统治者的身份，也不可能完全剥夺人的共在权利。只是当这种权利被限定在连肉体生存都不可能维系的时候，社会就发生毁灭性的革命。在此意义上，正是极权统治者本身，迫使共在者全体走向革命的道路。通过革命建立起来的新社会，依然遵循的是旧社会的以肉身生存为人的存在的历史逻辑。相反，社会若要避免发生革命，其唯一的出路在于承认人的精神差异性，让个体生命在共在活动中彼此分享它，从而将社会引入和平的团契。

第二十七节　社会价值逻辑的意义

社会价值逻辑对普遍价值的分享

在言说个别价值逻辑的意义时，价值逻辑论主要是从它在价值逻辑序列中和其余价值逻辑相的关系以及它与普遍价值的关系两方面加以展开。社会价值逻辑，一方面根源于普遍价值的在下承诺，他方面是它对普遍价值的在上承受、它分享着普遍价值。

意识生命体通过意识承受在上的普遍价值，使普遍价值的规定性内化为个别性的自我意识。这对人的个体生命的生成，是必不可少的环节。但个别性的自我意识，如何在普遍价值中确立自己的个别性呢？难道作为存在者的人能够平等面对普遍价值确定自己的个别性的绝对性吗？如此追问意味着：个体生命的自我意识，只有在同他人的自我意识的共在交往中，才是普遍的个体生命。换言之，社会价值逻辑通过个别的意识生命体的相互共在，分享着在上的普遍价值本身。当个别的意识生命体意识到普遍价值的规定性时，他还必须同他人分享自己对普遍价值的差别性意识。诚然，在这样的分享过程中，共在者也会产生对普遍价值的意识，但它不再是向我性的而是向他性的。在场的共在者共同分享着它。不过，若共在者来到共在场景或共在语境前，他应该有对普遍价值的差别性意识。否则，他在共在活动中的分享就会降格为占有。对普遍价值的差别性无意识的共在者，占有着他人关于普遍价值的差别性意识。这样的共在者，已丧失自己的共在者身份。

共在者全体对普遍价值的分享，不可能代替普遍价值所依据的存在本身。相反，正是存在给与了共在者的存在性，即共在者相互分享对方从普遍价值领纳的存在性。人的共在活动，并没有抹去共在者与存在之间永恒的差别。因为，共在者毕竟是以有限的存在者身份和其余有限的存在者共在，因共在即共在者共同背靠存在。假如共在者全体僭越自己的共在者身份，那么，他们便自我抽空了共在者的存在基础。

共在者企达存在之路

共在者本身，已向个体生命开启了他通达存在的方式。共在者必须在相互共在中分享对存在的差别性意识。分享，不但是共在者相互共在的方式，而且指明共在者与存在的关系。共在者在量上的多少，和他们能否通达存在没有必然的关联。共在者在共在之前，拥有对存在的差别性意识；而且，他在共在之中、在分享对方的差别性意识期间，创造着共在者全体的差别性意识。这种共在性的创造活动，若没有存在的在下承诺，也将是不可能的。相反，存在能够向作为存在者的共在者降临，只是因为存在本是一个和存在者相差别又相关联的意识生命体。存在的自我意识与存在者的自我意识相遇，并各自在存在者的相互共在中相遇。所以，共在者不仅是同其他共在者共在着，而且和存在共在。其共在的方式，乃是共在者全体对存在的分享。

社会价值逻辑对心理价值逻辑的分享

社会暴力的根源，其表现形式为共在者之间的相互否定，但最终否定的是共在者和存在的分享关系。这样的共在者，相信自己完全占有了存在。既然存在被个别的共在者完全占有，他就必须向其他共在者显明自己的完全性和唯一性，否则，他怎么能确信自己是存在的绝对所有者呢？当他人关于存在的差别性意识否定着这样的个别共在者时，他就会使用暴力否定他人的共在者身份，甚至通过监禁或消灭肉体剥夺他人的共在性，即他人和存在共在的权利，因为只有他占有着这种权利。

和社会暴力相对立的是共在者之间的社会平权关系。社会价值逻辑的意义，在于它使心理价值逻辑成为被分享的对象。意识生命体对普遍价值的差别性意识，由于社会所给出的可能性共在场所而转变为共在者全体的意识。要确立共在者之间的社会平权关系，只有使共在者参与共在之前具有独立的差别性意识，即他本是一个存在者而非仅仅是在者。否则，他便无法抵挡来自其他共在者的意识生命的渗透，甚至因此沦为后者的奴隶。共在者间的社会平权关系，取决于共在者本有的存在性，取决于存在者对自己拥有的对存在的分享权利的守护。要是存在者在社会共在之前自觉放弃自己的存在性，要是他把自身降格为、物化为生存者、生长者或在者，那么，他就在为社会暴力的成长提供温床。所以，受社会暴力迫害的存在者，只因为他自己对社会平权思想的根基的否定。这根基建立在存在者同存在的神圣关联上。

存在与存在者的神圣关联，构成存在者相互共在的基础。存在者在社会共在活动中同他人分享的，在终极意义上不过是他对存在的差别性意识。既然存在本不属于任何个别的存在者，那么，存在者对存在的意识也不应该为个别存在者所独占。换言之，他从存在领纳的差别性意识，理所当然是共在者全体的共有对象。分享，于是成为社会价值逻辑主体的内在规定性。精神生命体在根本上是分享性的意识生命体，其向他性建立于他和他人的相互分享上。

事实上，在文化精神层面中的读写活动，已经为历史价值逻辑在价值逻辑序列中的诞生预备了条件。作者不但面对自己同时代的共在者书写，而且以历史中的同在者全体为潜在的阅读对象；读者不仅阅读社会共在者的书写物，而且以历史中的同在者全体的书写物为接受对象。社会时间与历史时间的差别，决定着社会价值逻辑与历史价值逻辑中读写活动的不同。读写活动因受到社会时间的限制而在历史时间中具有无限意义，它们将个体生命从有限的社会时段中解放出来，并因为同终极信仰的关联而承诺个体生命以神圣的存在意义。

社会价值逻辑的历史化

在生成性价值逻辑相中，社会价值逻辑作为一种中间性的价值逻辑，迫使价值逻辑论的言说转移到历史价值逻辑上。况且，社会价值逻辑主体——精神生命体——固有的读写共在活动方式，比起听说共在活动方式更赋有历史性的规定性。这种超越社会时间的规定性，给与共在者全体以客观化的历史意义。其实，精神生命体因脱离意识生命体的向我性已带有客观化的倾向，但价值逻辑从主观逻辑向客观逻辑的转化，乃由历史价值逻辑最终达成。主观的意识生命体，以精神生命体的身份呈现于社会共在活动中，已部分丧失了自己的主观性，当其以文化生命体的身份展示在历史同在活动中时，其主观性因同在者全体的客观选择和再创造完全被给与了客观性的内涵。在历史价值逻辑面前，个体生命只有被同在者全体客观设定的命运。

个人关于社会世界差别性的规定

社会价值逻辑，只是在承受普遍价值承诺后意识生命体如何相互分享的逻辑。个体生命在承受方式和分享方式上的差异，导致个体生命的精神生命体的不同，从而构成社会价值逻辑的相性差异。另一方面，精神生命体的言说，基于为社会价值逻辑给出心理性的根基。但是，它不完全是心理学的而是社会学的，否则它便僭取了心理价值逻辑的根基。社会时间中的向他性，展示在意识生命体的自我与其他自我的相互融汇中。不过，自我意识，并不因和其他人的意识的交通而自动消除其我性。相反，正因为自我意识在同他人交通中的我性，社会价值逻辑所呈现的逻辑图式的差异性与丰富性才被构成。这我性，即个人关于社会世界的差别性规定，即个人在社会共在中选择方式的差别性。但是，其共同性在于共在者的社会共在。

社会共在的主体为精神生命体，至少是意识生命体而非肉体生命体，更不是自然生命体或物质自然体。换言之，社会共在中在场的我，将以精神生命体为核心。社会生活丰富性的根源，也在于这种丰富的精神生命体的供给。文化精神的枯竭，必然导致社会生活的单调贫困。反之，单调贫困的社会生活又促成文化精神的衰退，甚至抹去意识生命体的我性，迫使言语性的意识生命体转化为语言性的意识形态。

第二十八节　社会学

关于精神现象的逻辑图式

　　社会价值逻辑所对应的社会学，只不过是作为学问形态的伦理学的泛化形式。伦理学以研究个人与他人的关系为对象，而社会正是由个人与他人相关而成的种种共同体。在广义上，伦理学考察个人与他人如何相关，这样的伦理学即社会学，它包括社会伦理学和社会政治学、社会经济学、社会法学。或者说，狭义的伦理学、政治学、经济学、法学都有社会性的规定性。价值逻辑论，将社会学理解为关于精神现象的逻辑图式。既然为逻辑图式，那么，社会学对精神现象的差别性意识，就是终极差别的自我意识的在下承诺，而非仅仅作为根源于个别存在者的价值论承受。否则，社会学所展开的社会共在者的逻辑图式便没有普遍性。因为，个别存在者的价值论承受不具有普遍性。

　　同样，精神现象在本源论上虽然和意识现象相关，但在呈现向度上有根本差别。相关，指精神现象是作为个别的意识生命体相互共在的产物；差别，指意识现象的向我性与精神现象的向他性的不同。

　　意识现象属于个别存在者独有的意识呈现，尽管在心理学中的意识现象有共在性的痕迹——意识生命体在相互意识中共在，但作为心理学对象的意识现象在这样的意识共在中的指向，依然是向我性的。精神现象，作为共在者全体的精神呈现，其指向是向他性的共在。这种向他性，不但指精神现象和他人的意识生命相关，而且指它与在上的精神性存在本身的相联。精神现象在社会共在中所呈现的，只不过是精神自身在下承诺于个别共在者间的交遇。而精神现象的逻辑图式，旨在从精神性的终极差别本身直观出共在者全体的相互差别与相关的规定性。所以，社会学，一方面探究共在者全体如何共在，他方面又以共在者全体如何同在上的普遍精神的共在为对象。

　　精神生命体的向他性与共在性，给与一切精神现象以向他性和共在性。这样，以精神世界为内容的传统精神科学的对象，就不再是外在的现成性自然、而是内在的生成性自我的相互共在以及人的内在精神处境的相互共在。精神科学所认识的对象，构成认识者的自我评价。精神科学不仅像胡塞尔所说要探问精神世界到底是怎样的，而且必须提出精神世界应该怎样。它和自然科学的差别显明于此。自然科学弊弃人生意义问题，在主观方面无话可说，但这不足以把关怀人生意义问题和人的主观方面的心理学纳入精神科学的领域。价值逻辑论，由于以精神生命体为社会价值逻辑的主体，它所指的精神科学只限于社会学，并且以社会共在为精神现象的核心。精神科学的人文性，在于它所倡导的人与他人的精神共在性。如果把心理学的使命理解为对个体生命的教化，那么，作为社会学的精神科学的使命，则以教化个体生命的共在为目标。和关怀文化构造物的历史学的差别在于：社会学直接关注共在着的个体生命。

精神科学并不能像自然科学那样代表一种学问形态。它没有作为学问形态规定性的对象、语言、使命。这是价值逻辑论把精神科学限定为社会学的原因。诚然，人的意识中有对精神样式的承受，但意识活动中的精神性不能代替社会共在现象中的纯粹精神性。精神只有在向他人的呈现里，才是非意识性的精神现象。

社会学的起源

社会学关怀人生的共在意义而非存在意义，它起源于人的共在需要。这里所说的社会学的起源，当然不是就其起源事实而言，而是要回答人类为什么需要社会学。价值逻辑论所探究的社会学，和以自然科学的实证分析为方法的传统社会学不同。在终极意义上，社会学与心理学、历史学一样属于人文科学而非自然科学。个体生命在精神现象中的生成性，使基于实证分析的社会学结论失效。在个体生命的现实生活中，不存在现成性的精神现象等待着社会学家的实证分析。

人的社会共在意指两个方面：一是共在者全体的共在性的依据；一是共在者全体如何相互共在。社会学的论题由此可以界定为：共在者全体与存在的关系和共在者全体间的关系。价值逻辑论承诺社会学的论题，不但包括共在者全体间的关系，而且以共在者全体与存在的关系为对象。这是因为：在上的作为普遍价值的存在，给与个别存在者以神圣的存在性。在任何社会共同体中，任何个别存在者都有存在的权利，而且，这种权利神圣不可侵犯；同样，在任何社会共在活动中，任何个别共在者都有权利和他人分享自己从存在领纳的存在性。所以，社会共在，只不过是共在者全体间在同一相对有限时段上对存在的分享。社会学的价值，就是通过阐明其论题、护守共在者全体的存在权利。从来没有像科学一样纯粹价值中立的社会学，只有在不同层面上护守共在者全体的共在性的社会学。

个人与他人的关系

在最低水平上，社会学研究个人与他人的关系。按照价值逻辑论对人的理解，和他人发生关系的个人在社会共在活动中，将以精神生命体的方式出现。换言之，个人与他人，乃是同一精神生命体的不同肢体。所以，个人与他人的关系，就是个别精神生命体间的关系。在这种关系中，意识生命体的我性，转化成精神生命体的他性。我也只有在他中才是绝对相对存在的我。我的内在性如果是绝对的，它就和其他我相差别。由于个人间的肉体生命体是共同的，个人间的差别或我的我性，必然以精神生命体间的差别或我性为规定性。个人与他人在社会伦理学中的道德关系、在社会政治学中的权力关系、在社会经济学中的私权关系、在社会法学中的法权关系，在根本上属于精神性而非物质性的关系。经济学即使涉及作为物质性的社会财富，但它所研究的拥有这种物质性财富的方式却是精神性的。

社会学的人文性

个人与他人的精神性关系，给与社会学以人文性。反对社会学带有人文性的社会学家，把社会学当成和物理学、生命学、生理学一样的自然科学，其核心假设为：社会共在活动中的人，只是物质的、生命的、肉体的生存者。这样的社会学家，只看到人和现成性价值逻辑主体的相关性而忽视了两者的差别性。其结果是磨灭了人作为人的神圣存在性。他们至多以动物的生存性为人的存在本质，认为人的任何社会行为都指向他的肉体生存，肉体生命的生产活动及再生产活动构成人的全部社会性规定。人进而沦为单向度的经济活动的存在者。在如此的理论前提下，社会对人的摧残乃是合理的。因为既然人为肉体生命体，那么，把人当作动物来对待，难道不是自然而然的吗？难道生存者还需要任何关于人的尊严的规定性吗？

与此相反，价值逻辑论把人文性当作社会学的内在本质，不仅因为社会学关怀人的共在意义，而且因为这种共在还背靠着在上的神圣存在本身。

仅仅从物性的角度审视社会学的人文性，这是科学主义或实证主义的社会学传统。况且，人文性的社会学还依赖于神学的承诺，正如人只有作为存在的肉身形式时才有其人性基础一样，否则，社会学将沦为反人道的科学。

人性就是居于物性与神性的中间性。任何单向度的规定，将导致人性的中间性的丧失，带来人的物化或人的神化。社会学的人文性，正是基于这种关于人性的中间性逻辑。但和心理学的人文性的差别在于：社会学的人文性，是一种分享共在而不是向我存在的人文性。唯有在和他人的分享中，社会学的人文性才被显明。那被分享的内容，源于分享者以存在者的身份对在上存在的领受。假如分享者没有这种领受，他在同他人的共在活动中就主动放弃了自己的共在权利，他被迫接受其他共在者为自己设定的丧失存在性的命运。社会暴力的根源，在终极意义上就是因为部分人自我放弃自己的共在权利或这些权利被剥夺。这样的人，哪里有什么社会价值呢？

人的社会价值

它指人在共在者全体中向他人显明的差别性，或指他人对他所显明的差别性的评价。当个体生命向他人呈现的差别性越丰富，他的社会价值就越大。个体生命所呈现的差别性，受到他的意识生命体的限制。在本源论上，人的心理价值决定着他的社会价值；反之，人的社会价值是他的心理价值的表征。

不过，正因为人的社会价值和其心理价值的相关性，心理价值所依托的个体生命的有限性，也构成他的社会价值的有限性。他人对我的心理价值的接受度，乃是我的社会价值的边界。而且，来自他人的有限差别性的规定，并不能将我的心理价值完全托付给终极价值。即使我有丰富的社会价值，我的价值也依然取决于终极价值。在时间历史论中，历史时间作为一种价值时间在时段上的增长，为人超越社会价值逻辑走向历史价值逻辑提供了可能性。这意味着：他人对我的心理价值的评价所构成的社会价值，还得在历史中被陶冶，并取决于我在终极差别的逻辑那里领受的差别性的多少。我越是在共在活动中分享在上的终极差别本身，我的社会价值就越大。

所以，人的社会价值的源泉，在人的心理价值与人的历史价值中，但三种价值都受到终极价值自上而下的限定。所以，只有在上的终极价值才是人的价值的最后给与者。一旦个体生命在共在者全体中显明的差别性越大，他为社会学所给出的典型性就越强，从而扩展了社会学的研究范围。

个人关于社会现象的价值论

如前所述，社会学探究共在者全体的共在性依据及共在者之间的关系。个体生命彼此如何共在、共在者全体如何承受在上的存在，这些社会现象为社会学关注的对象。因此，社会学是个人关于社会现象的价值论。

价值论与逻辑论的差别在于：前者是人的差别性言说，后者为上帝的差别性言说。言说主体的差别，导致言说方式和言说内容的不同。但是，两者同为一种差别性之言。价值逻辑论，在阐明价值与逻辑的差别性的同时，还要展开其相关性。个人对社会现象的差别性的规定，主要是从价值论角度对社会学的界定。任何社会现象，都背靠着超越社会共在者全体之上的存在。这使社会学必须探究社会现象成立的终极根据。社会学，也可以概括为社会价值逻辑论。由此而来的社会学论题，分别在社会伦理学中对象化为普遍道德与个别道德以及个别道德间的关系；在社会政治学中为普遍权力与个别权力以及个别权力间的关系；在社会经济学中为普遍私权与个别私权以及个别私权间的关系；在社会法学中为普遍法权与个别法权以及个别法权间的关系。

社会学与神学

社会学要探究共在者全体的共在性依据，但这种探究根本上属于作为个体生命的社会学家的言说，只是在言说中他必须考虑在上存在的承诺，这样，社会学还是一种价值逻辑论的学说。K.拉纳将神学理解为上帝的逻各斯，以此区别于作为人的逻各斯的一切科学。[5]根据价值逻辑论对逻各斯一词的考察，它本身乃是上帝的差别性言说，是上帝关于自身和关于世界的差别性之言。而人的逻各斯，不过是人关于自身和世界的差别性之言。神学承诺共在者全体的共在性依据，这种共在性是一种被分享的共在性。任何社会团体，不过是共在者全体相互分享在上同一存在的场所。如此理解的神学，是就其与社会学的关系而言的。当然，神学除了承诺共在者全体共在的依据外，还为同在者全体的同在作出终极的承诺。

和神学自上而下的承诺相反，社会学所研究的关于共在者全体的共在性依据，乃是对神学承诺自下而上的承受，并将这种承受来的东西和他人分享。换言之，社会学作为人的差别性言说体系，其重心在于探究共在者全体间如何共在。价值逻辑论，把社会学分解为社会伦理学、社会政治学、社会经济学、社会法学，就是为了展开共在者全体间的关系。

5　参见 K.拉纳：《圣言的倾听者》，朱雁冰译，北京：生活·读书·新知三联书店，1994 年，第 191 页。

社会伦理学

伦理学不是一种理论

科学主义伦理学，相信科学在学问形态上的普遍性，从而以科学代替伦理学，它在人的文化心理中认定生命理智相对生命情感的优越性与普遍性。"伦理学只给人以知识而不给人以任何别的东西，它的目标只是真理，就是说，任何一门科学，就其为科学而言，都是纯理论的。"[6]石里克这种关于伦理学使命的界定，完全是科学性的。它不但取消了伦理学作为一种学问形态的独立性，而且使以人人关系为对象的伦理学从属于以人物关系为对象的科学。其实，任何个别学问形态的成立，都不能从单一的学问形态本身得到普遍的规定，不能以一种学问形态的规定性去规定另一种学问形态的规定性，即使它们是内在相关的，但其差别性更为重要。伦理学与其说是规范科学，不如说是象征性地展示人的生命情感的学问形态。要想在伦理学中规范什么，这是科学主义的思维方式审视伦理学的产物，在人的文化心理中也是其生命理智替代生命情感的结果。伦理学的语言为感受性象征语言，它所带出的东西就是带出那东西的原因。

伦理学不为人创造出一种价值规范，即使其中部分有规范性的成分，但它由此岸的生命情感世界自然呈现出来，源于人的生命情感的象征。伦理学描述人的生命情感的逻辑图景，即爱的图景。当然，这种图景，不能同人的生活与人性相对立。人的现实生活，就个体而言主要是一种情感生活，离开情感而相互照面在根本上是不可能的。至少，陌生人的照面，是基于他们同为人的同根体验。所以，伦理学的原则在根本上是情感的、我爱的原则而非理智的、我思的原则，即使人们有时会用理智来思考是否值得和某人相遇。所以，伦理学拒绝寻问为什么爱的问题，人所爱的对象就构成他爱的原因。它使用的陈述句，是描述性的而非判断性的。伦理学不执着于人的行为的应然性，在逻辑上没有支持或反对它的结论的证据。在此意义上，伦理学不是一种理论。这并不是指伦理不关怀普遍的道德问题，但不像罗素所说的那样伦理学会赋予我们个人的某些欲望以普遍性。[7]

6　洪谦主编：《逻辑经验主义》，上卷，北京：商务印书馆，1982年，第619页。

7　参见罗素：《宗教与科学》，徐奕春、林国夫译，北京：商务印书馆，1982年，第124页。

伦理学不认识道德上的善

伦理学展示爱的普遍逻辑图式。

如果从人的文化心理中的客体化本源的相关性方面来审视伦理学，那么，它所展示的个人的某些欲望，乃是共在者全体在此岸世界同根的欲望。伦理学不评价人的行为但同人的行为相关联。相反，人的行为源于人的生命情感的展示。个体生命选择什么样的行为，除了根据其理性外，还更多地以情感原则为原则。此岸的情感生活，主要表现为爱的行为。人只有从爱的行为过程中才会理解爱的本根；男女只有在爱的实践中才明白自己寻到什么样的爱。从爱的行为探究伦理学，就是从个体生命的情感活动展示伦理学。

同样，把伦理学的使命规定为"认识道德上的善"，[8]这是科学主义伦理学对其使命的无明，又是它的必然推论。

伦理学的对象与其说是善，不如说是人在此岸世界中所表现出来的爱感图景。善仅仅为伦理学附带的产物。伦理学家不可能也不应该教导人爱谁及如何爱。因为，爱隶属于个人的情感实践。而且，伦理学不能停留在认识爱的水平上，它要展示、呈现爱的逻辑图式。以此岸的生命情感为对象的伦理学，使人丧失了为之下定义的条件。伦理学家只能象征性地描述那些展示此岸世界的情感生命。相反，外在于人的意识生命的道德，也外在于共在活动中的精神生命体。这种道德，通过理性的论证演绎出来，认识善构成其内在的动机。它是法律而非道德。因为，真正道德的律令不能由理性给出证据，它源于人的生命情感的本真需要，从人的生命情感在此岸世界中生长出来。若某人感受不到爱与被爱的需要，任何关于爱的道德律令对他将无效。

伦理学的社会性

社会伦理学以社会主体论为特点。这个主体，不是一个认识性的理智主体而是实践性的情感主体。伦理学关怀人与人的情感关系或他们的情感共在。这为伦理学所独有的社会性。诚然，共在者全体的情感共在，超越于任何个别的共在者之上。任何个别的共在者，都不可能为共在者全体的情感共在承诺可能性。只有在差别于人的绝对者那里、只有在基督教的耶稣基督的上帝那里，共在者全体的共在才成为现实。换言之，正是那承诺共在者全体的存

---

8 洪谦主编:《逻辑经验主义》，上卷，北京：商务印书馆，1982 年，第 619-639 页，石里克的"伦理学的目的是什么"一文。

在性的存在本身，构成普遍道德的基础与内容。个别道德的共在，从此才获得了终极依据。

普遍道德的普遍性，根植于普遍存在中。这种存在是普遍的，它内含永远超越个别存在者的力量，同时和个别存在者发生内在关联。只要个别存在者在共在活动中守护着自己和对方的存在性，这种根源于个别道德的存在者就分享了普遍道德。按照普遍道德的承诺，任何个别存在者的存在性的被剥夺都是不道德的。并且，那剥夺个别存在者的存在性的剥夺者，往往充当普遍道德的化身，否则，他就失去剥夺他人存在性的根据。在此，关于普遍道德与个别道德的关系的探究，表明伦理学的社会性还有在上的存在本源。

伦理学对象的后验性

价值逻辑论用后验性限定社会伦理学。后验性，指在个体生命经验了经验之后产生的经验。如同科学的经验对象一样，社会伦理学的后验性，使它面对着现成性的经验对象，即使该对象必须在个体生命的经验之后。个体生命只要是完全的，他就会经验到生命情感在不同层面上的对象化对象，包括男人或女人、亲人、情人、友人、圣者[9]这些对象。而且，社会伦理学的后验性，迫使个体生命和他所爱的对象发生关联。个体生命所爱的对象必须内化为他自己的感性经验，否则，情感共在就不可能发生于他身上。

伦理学对象的后验性，意味着它以此岸世界的生命情感——性爱、亲爱、情爱、友爱、圣爱——为对象。

生命情感的此岸性，指个体生命在存在活动中所经验的情感对象的现成性。爱的对象，就是那从虚无地平线上耸立的人，就是那和爱者一样具有动物性与神圣性向度的被爱者。个体生命通过和其他共在者相遇，丰富着自己的动物性与神圣性的情感内容。爱本身，乃是对爱的方式的创造，其结果是形成个体生命的原初人格。这人格置身于动物性与神圣性之间。

生命情感，首先展示在伦理学家的此岸生活里。伦理学，并不是为了认识而是要求个体生命体验这种生活，体验生命同根的源泉。对生命情感在不同层面的对象化毫无体验的人，对伦理学就不会有差别性的、属于自己的言

---

9 在宗教学的意义上，除了儒家有"圣人"的说法外，其他宗教往往把圣爱这种情感表达的对象称之为"神圣者"。

说。当然，这种体验，伦理学家们并不以艺术形式的方式展现出来，而是借助感受内化于个体生命的原初人格中。

伦理学的对象，唤起个体生命向共在者全体合一同根的欲望。它拒绝任何事实的判断，它不对任何同根体验的状况进行论断，因而不可能找到一种客观的证据来反驳伦理主体有无同根体验。在此意义上，伦理学所含的陈述句是描述性的，描述的正误无关紧要。科学能够探讨生命情感的各种起因和实现方法，其中不含任何真正的伦理句。因为，科学涉及何为正误的问题。"虽然科学确不能解决各种价值问题，但那是因为，它们根本不可能用理智来解决，它们不属于真伪的问题。任何可获得的知识，它必然是用科学的方法获得的；而科学不能发现的东西，人类是不可能知道的。"[10]罗素在此言说出科学作为一种学问形态对价值问题的有限性，但这并不会导致否认伦理学对象的可感受性。

伦理学语言的后验性

伦理学对人的行为不作出任何价值判断，但它要用感受性象征语言呈现伦理学家的生命情感体验。

价值逻辑论把语言的起源问题悬置起来，根据语言的功能把它分为符号性语言、象征性语言、指使性语言。符号性语言强调所指与能指的差别性，语音的差别导致语意的差别。这种差别是人的理性发挥作用的前提。语音与语意之间，是一种社会性的契约关系。语言起源的所谓约定俗成论，就是根据符号性语言的意义发生方式提出来的。

象征性语言的所指与能指，处于一种相关性状态，语意的差别和语形相关，语形的不同带出语意的不同。语意出于语形的展示、流射。其中，能指与所指，既不是外在的强加关系，也不是解释者附加的产物，而是所指从能指中呈现、语意从语形中涌现出来的。符号学利用符号性语言体系的经验，不可能在根本上阐明象征的功用，更不可能对象征性语言体系作出本真的、明晰的规定。在象征性语言中，语词的所指与能指的相关性决定了语意的多样性，尽管这种语意始终和语形相关联。

指使性语言的所指与能指，完全处于同一的关系中。人在这样的语言活动中，即是他的存在本身的昭示。语词的所指就是能指所表示的东西，语音

---

10 罗素：《宗教与科学》，徐奕春、林国夫译，北京：商务印书馆，1982年，第130页。

或语形的差别对语意的出现并不重要，重要的是双方的绝对同一性，甚至是和人的生命存在的同一性。

生命情感的特点是它的流逝性，当其流在不同的存在者身上时形成不同的情爱图景。这种作为伦理学对象的情感，要求其呈现语言的象征性，而且是基于情感主体的感受而非形式化的感觉。伦理情感的呈现，是为了呈现者本身的生命存在。感受者在感受现实的情感图景中，感受到自己生命情感的留住。所以，伦理学将展示此岸的生命情感图景当作自己的使命。由此表明，在伦理学中无所谓真理与谬误的问题，它也不是为了传达知识。虽然我们关于生命情感的感受是在符号语言中不可言说的，但在艺术、伦理所使用的象征语言中我们依然可言说自己的内在感受。情爱感受的存在依据，在感受者的个体生命里。在此意义上，伦理学是通过改变他人的生命情感来改变他人行为的。

伦理学使命的后验性

伦理学在对象、语言上的后验性，带出它在使命上的后验性。价值逻辑论在关于伦理学的定义中指出：它的目的，是在此岸社会为人类中的个体生命建立原初人格。对个体生命言，它要形成其原初人格；对人类生命言，它将彰显个体生命的原初人格，并融汇为理想的人生形象。无论原初人格或理想人生形象的生成，都是个体生命在经验生命情感后的一种经验。这正是伦理学使命的后验性的涵义。

个体生命的原初人格，根源于他对在上终极信仰的承受，即使他以某种伪终极信仰为终极信仰。个体生命以此为基点，对其所遭遇的一切展开价值判断。一般情况下，个体生命的原初人格具有时间性的规定性，他在一段时期内自认为是对自己最根本的人格观念，也将随时间的推移而变化。实质上，伦理的人生，就是探究原初人格的原初性的一生。一些普遍的观念，往往成为激励人生开掘原初人格的动力。例如，艺术家的艺术作品经常发生质变，但他对艺术本身的信仰依然如故，而且，作为艺术家的原初人格的原初形式，通常伴随个别艺术家的人生。

个体生命的原初人格，为一种有限人格。它不承诺其他个体生命的原初人格，但认同和其他原初人格主体的共在。社会有序性的基础，在于个别原初人格的共在。伦理学在此岸社会建立有序化的生活，不是为了某个人或集团的利益，而是为了个体生命共在者全体的共在。反之，若以个别原初人格为共在者全体的人格理想，这便抹去了该原初人格的有限性，本来应由社会共在建立起来的社会平权就会堕落为社会性的奴役，就会被社会暴力所代替，纵然这种暴力未必采取武力的形式。

个体生命的原初人格，以言语的方式在一段时期内呈现于他的存在与共在活动中。凡是那些频繁呈现的言语，都在不同层面展示出个体生命的原初人格。在个体生命的言谈或书写两种活动中，不断呈现的言语透露出他的原初人格的信息。当然，日常生活的漫谈中反复涌现的语言因和个体生命无实质关联，所以，其中没有原初人格的言语性成分。如果有关联，它就会透露出漫谈者平庸的生命状态。

爱的逻辑图景

如果伦理学的使命旨在养育个体生命的原初人格，那么，爱感图景的生成，乃是原初人格自我展开的必要条件。个体生命依据什么建立自己的爱感图景呢？

这种爱感图景的基础，是**同根体验和爱的意向性**。同根体验，内含爱的动物性与神圣性的向度。个体生命从肉体生命体（动物界）承纳生命肉体，以此在事实上同根；另一方面，以意识生命体承受的生命意识在价值上同根，两者生成个体生命之爱的双重向度。这在时间历史论上表现为面对事实同根即面向过去同根，它开掘出人与动物的相关性。因此，以动物性为向度的同根停留在生理水平上。相反，面对价值同根即面向未来同根，这体现出人与上帝的相关性（或曰人与动物的差别性）。以神圣性为向度的同根，使个体生命在文化层面上合一。

若从物种呈现的图景看，动物的同根只在本能的、物质的、生命的、生理的意义上，它们需要共同的本能生长和延续，但这种同根未发展到和经验相关的体验水平。由于理智的缺失，动物更不可能反思这样的同根经历。个体生命的同根，继续在本质的、意识的、精神的、文化的意义上过渡为同根体验。这种同根，表明人不仅需要食物生存，而且离不开承受自上而下的灵粮。个体生命由此生成为社会的、人类的一部分。由于他面对在事实上和在价值上同根方式的差异，社会伦理学因此就得展示个体生命如何同根以及同根的可能性。这样的展示和爱的意向性结合，生成为爱的逻辑图景，或曰爱感图景。

莫尔特曼把爱称为和生命与死亡相关的生命情趣。"生命和死亡不仅是生物性的资料，而且是与人内在有关的基本经历。这些是我们在生命情趣中所获得的基本经历，我们将这种生命情趣称之为爱，我们接受和付出的爱乃是对生命的肯定。被肯定的、被爱的、被接纳的生命是幸福的生命。一种去肯定的、去爱的、去接纳的生命才是真正的人的生命。因着这个爱，我们变得生机蓬勃；因着这个爱，我们参与生命；因着这个爱，我们使别人生气盎然。然而，在我们所爱的事上，我们也变得易受伤害，因为在肯定生命的同时，我们也参与了幸福和痛苦，我们也投入生命和死亡。人因为爱自己的生命和爱他所爱者的生命而受苦，并且体验到死亡的致命性。我们在爱里面参与了生命，同时也参与了死亡。这意味着：爱使我们的生命生机蓬勃，同时也确知它是致命的。我们在爱里头经历到生命的活力和死亡的致命性。如果我们痛苦过度，如果失望折磨我们，如果我们惧怕死亡，那么我们便会愈来愈少参与生命。为了不让痛苦和悲伤胜过我们，我们撤回对生命的兴趣。可是，这意味着：我们冷眼旁观、撤退并圈缩在自己的里面。凡是看过太多的流血和死人的，必定变得冷漠，凡是经常受到死亡威胁的，必定变得麻木不仁。凡事对他都无所谓了。凡是压抑生命的任何感觉的，必定对苦痛无感应，而且对他的死亡和别人的死亡也麻木了。他对生命的热爱冷却了，因此提前经历到自己的死亡。感觉和思想变得呆滞并逐渐死去，因为死去意味着呆滞。"[11]

相反，爱激活人去生存，并在生存中存在。爱是把人和其他对象关联起来的一种能力。人的生存就是人能够把他的生活世界中一切不可能性发展为可能性的一种现实，死亡却使人把一切可能性发展为不可能性。对于个体而言，人的死亡本身就是那终极的不可能性。人之死亡，同时意味着人在世界关系图景中的种种关系的断裂。[12]死者和语言没有直接的关系而无言无语，他仅仅属于物理时间而消失，他与自己没有关系而不再拥有自我意识，他不得

11 莫尔特曼：《来临中的上帝》，曾念粤译，上海：上海三联书店，2006年，第51页。译文据原文有改动，参见 Jürgen Moltmann, *Das Kommen Gottes*, Chr. Kaiser/ Gütersloher Verlagshaus, 1995, SS.71-72.

12 这种世界关系图景，体现为"个人（作为个体生命的人）和世界的七个生成因子形成人言关系（＝人—言关系＝个人与语言的关系）、人时关系（＝人—时关系＝个人与时间的关系）、人我关系（＝人—我关系＝个人与自身的关系）、人物关系（＝人—物关系＝个人与物质自然的关系、人与自然生命的关系、人与肉体生命的关系）、人人关系（＝人—人关系＝个人与他人的关系）、人史关系（＝人—史关系＝个人与历史的关系）、人神关系（＝人—神关系＝个人与上帝的关系）。这些关系的互动进而生成为世界图景逻辑。"查常平:《中国先锋艺术思想史第一卷世界关系美学》，上海：上海三联书店，2017年，第52页。

不物化、归于自然中的尘土，他与他人更是处于一种无关系中，他与历史可能有关也可能无关，他和神圣者的关系也是如此。总之，因为死亡事件，他生前的种种主动态的关系现在变成了被动态的关系，进而成为一种"无关系"的关系。

作为 2008 年汶川大地震罹难者的同学们，这种死亡导致的世界关系的中断，其实也是人之爱的能力的消失。人之死将人之爱虚无化，进而把与死者相关的关系虚无化。正如诗人翟永明在《胡慧珊自述》中所写的那样："他们躺在何处　我找不着／他们的名字　再也无人知道／……再也没有第二所学校　能让我们入读／再也没有　天堂里也没有／再也没有人间父母为我们流泪／再也没有　天堂里也没有／……我叫胡慧珊／但愿我从未出生　从未被纪念／从未被父母抱在怀里／从未让他们如此悲痛／但愿依然美丽的是 15 岁的笑脸／而不只是一个城市的名字。"[13]

当然，正是诗人对于胡慧珊的爱，恢复了读者与死者的关系，使他们能够在历史流传的文化生命中反复纪念那些在地震中罹难的学生。这又何尝不是刘家琨修建胡慧珊个人纪念馆的内在动力？！一种隐藏在爱的意向性中的奥秘。

爱的意向性

爱的意向性不但是个体生命思之特征，而且是其爱的活动的规定性。它构成人的活动的本质。该本质或指向现成的此岸世界如自然界、生命界、动物界，或指向被生成的彼岸世界如人的心理意识、社会精神、历史文化。人的活动离开意向性，他就丧失了此岸与彼岸中的对象。有无意向性，成为人的活动与动物的活动的本质差别。

人的活动的意向性，使他思其所思、爱其所爱、为其所为。价值逻辑论，已言明科学、形上之思的意向性。伦理的、艺术的爱之意向性差别于符号性的思之意向性，它以象征性为内容。伦理之爱的意向性表明：人所爱的，是在外在现象上现成的、内在本质上生成的对象——共在者。意识生命体在个体生命的存在中生成自身，同时向其他个体生命显现着自身，因而在外在现象上是现成性的。

---

13 翟永明：《行间距：诗集 2008-2012》，重庆：重庆大学出版社，2012 年，第 3-7 页。

形上之思的意向性迫使人思其存在，伦理之爱的意向性要求人对其共在者全体采取爱的态度。在伦理之爱中，个体生命所爱的过程就是他所爱的对象，这种爱拒斥观念的说明。现实生存着的个体生命，是伦理之爱的对象本身。另一方面，艺术之爱的意向性，指向那被创造的形式。艺术作为爱的一种方式，是对人生形式的念。

在爱的意向性活动中，因其象征性而带来所爱对象与爱的过程合一。日常生活里，向一个人提出他为什么爱另一个人的质问由此失去根据。爱者诞生于他所爱的活动中。至于审美和宗教的意向性，则旨在造就个体生命的存在本身。它们和以共在者全体为对象的伦理之爱的意向性不同。

有人把爱分为两种：偏爱与普爱。"偏爱是锁定于一个个别的有限客体的爱，它选择了并牢固地委身于这个客体。它是由一个客体引起的爱，并且集中于这个客体。人类的性爱和人类大部分其他的爱通常都是这种类型的。相反，普爱是一种无目标的、无迷恋的普遍倾向。一个人陷入它，被它充满，他感觉它是朝向整个世界的，如人们所说，它没有具体原因，就像一个人也可能感觉到普遍的、无目标的、无具体原因的欢乐或幸福。上帝的爱可能是普爱最重要的例子。据说上帝是无限的，因此不是某种'外在'的、爱能集中或者锁定于其上的客体。"[14]这种关于爱的区分，主要依据爱的意向对象的广度，未涉及不同爱感的实质差别。

根据爱的双重向度和意向性，爱的逻辑图景（爱感图景）呈现为性爱、亲爱、情爱、友爱、圣爱。[15]社会伦理学，将探究这种爱感图景的相关性与差别性。

性爱（romantic, sexual love）

它在希腊文中为 *Erōs*（又译"欲爱"），指男女之间含有恋爱成分的爱。性爱即人的本性之爱，是人在天性上出于本能对异性和同性的爱，侧重于对对方的身体存在的赏心悦目。性爱以肉体生存的动物性事实向度为根，其中的爱者通过肉体生命的交通达到自然的象征性合一。当然，毕竟作为一种爱感图景，性爱只是把神圣性的价值向度置于最低的地位。因为，只有在人类

---

14 唐·库比特：《生活 生活：一种正在来临的生活宗教》，王志成、朱彩虹译，北京：宗教文化出版社，2004 年，第 150 页。

15 保罗·蒂里希认为爱只有一种，但却有不同的质，即力比多、友爱、性爱、圣爱。*Love, Power, and Justice*, New York, 1960, p.5.

社会中共在者全体之间才有性爱的问题。至少，置身于性爱中的爱者，保持着相互悦纳的成分。性爱"是般配者之爱，是一种渴望占有的爱。……当年轻男女堕入爱河，总是因为蒙爱者被认为魅力有加"。[16]"性欲冲动中的人对性欲的对象至少具有暂时的好感，同时也想象她比平时较为美丽。"[17]性爱存在于男女之间。它"是最常见的一种爱，就是首先由美貌发生、随后扩展到好感和肉体欲望上去的那种爱"。[18]"'因为性爱不是寻求为它的对象所接纳，而是要拥有对象。'相反，圣爱'寻求为它所奉献的对象所接纳'。"[19]性爱"这种感情在它的最自然的状态下是由三种不同的印象或情感的结合而发生的，这三种情感就是：1. 由美貌发生的愉快感觉；2. 肉体上的生殖欲望；3. 浓厚的好感或善意"。[20]简言之，性爱基于人作为肉体生命的彼此悦纳与欲望。休谟在此给出的，是关于性爱或两性间的爱的定义，而不是如同有人认为的那样是关于人类爱情的定义。[21]

亲爱

它在希腊文中为 *Storgē*，指亲情尤其是父母与子女、子女之间的"自然之爱"或"家人之爱"。[22]它指以自然向度为根，但这种根以肉体生命的延续为使命，肉体延续的自然向度引导着精神存在的人文向度。其中的爱者差别于性爱中相互交通肉体生命的爱者，他们的肉身是一种给与和被给与的关系。血缘把爱者联合一体，族类的延传是亲爱者的内在责任。"可是，几乎任何人都可成为亲情的对象，不管是丑、是笨，甚至是惹人生气。亲情联系其对象，并不需要特别的合适因素。我曾看过一个白痴，不仅父母加以爱护，也受到兄弟的关怀，亲情忽视年龄、性别、阶级，及教育程度上的障碍。它可以存在于一个聪明的大学生与一位老护士之间，虽然两者的想法属于两个不同

---

16 Leon Morris, *Testament of Love, A Study of Love in the Bible*, Grand Rapids: William B. Eerdmans Publishing Co., 1981, pp.120-121. Eros 在广义上还指粗野的奢欲、纯粹而高贵的激情，或鉴于两者之间的任何感受。

17 休谟：《人性论》，关文运译，下册，北京：商务印书馆，1997 年，第 433 页。

18 休谟：《人性论》，关文运译，下册，第 433 页。

19 Leon Morris, *Testament of Love, A Study of Love in the Bible*, Grand Rapids: William B. Eerdmans Publishing Co., 1981, p.121 note 24.

20 Ibid., p.432.

21 这种错误的引述，见孙云晓、张引墨：《藏在书包里的玫瑰：校园性问题访谈实录》，北京：北京出版社，2004 年 4 月，第 27 页。

22 Leon Morris, *Testament of Love, A Study of Love in the Bible*, Grand Rapids: William B. Eerdmans Publishing Co., 1981, p.114.

的世界。亲情甚至可以忽视物种上的障碍。不只人狗之间会有亲情，甚至猫狗之间也可能发生，真是令人惊异。"[23]有血缘关系的人之所以相爱，只因为他们在起源上、在血缘上同根，并有同一个祖先。亲爱所实现的共在者全体的合一，乃是有限的，不但在对象上有限，而且在时间上有限。最初相互同根的亲爱者在时间的流走中疏远了。氏神的问世，正是为了留住流走的亲爱中的神圣性的爱感向度。然而，情爱同根不断打破了亲爱者的血缘纽带，呼吁个体生命在神圣性的人文向度上同根。

情爱

它最为完美地呈现出爱感的自然向度与人文向度，是个体生命的肉体与精神同其他个体生命的精神与肉体的合一交通。情爱所表达的爱感完美性，使人常常将爱感的其他形式如亲爱、友爱误认为情爱。凡是以权力、金钱、名誉、美貌为目的的情爱活动，因为背离了个体生命双方在肉体和精神上的相互交通这一纯粹目的，其最终结局是向性爱堕落。一旦情爱中的任何一方丧失权力、金钱、名誉、美貌后，双方的性爱活动便随之终止。这里，性爱和情爱的区别，就是路益师所说的情欲与爱情的区别："没有爱情的性欲要得到'它'，也就是情欲本身；爱情要的则是所爱的人。……每一个情人梦寐所求的，是所爱的人本身，而不是所提供的乐趣。"[24]

罗素在其自传中谈到他追求爱情的原因，首先是它使人心醉神迷；其次它能消除孤寂；再次是他在其中看到由圣贤诗人们所构筑起的天国图景。这里，情爱全面展示出一切爱感图景的感受性、对象性及其文化性。

情爱基于个体生命双方的感受，人感受到爱他就在爱中，感受不到爱他便在爱外。"因为，爱情的特征便是宁愿与所爱一起痛苦，也不愿与他人共享幸福"；[25]宁愿两颗心一起破碎，不愿失去她而快乐。个体生命处于情爱中，他从和对象的肉体与精神的对话交通中看到了自己的存在内涵——他是由肉体生命与精神生命融汇的人。在情爱活动里，没有肉体的奉献如没有精神的奉献一样是悲剧，两者缺一不可。但一方的肉体必须植根于另一方的精神里。正是基于这种植根，情爱活动最能使人体验到对孤独感的摆脱。情爱的文化

23 路益师（C.S.Lewis）：《四种爱》，林为正译，台北：雅歌出版社，1989年，第34页。

24 路益师（C.S.Lewis）：《四种爱》，林为正译，台北：雅歌出版社，1989年，第99-100页。

25 路益师（C.S.Lewis）：《四种爱》，林为正译，台北：雅歌出版社，1989年，第112页。

性，指个体生命双方对各自心灵的耕耘即精神上的相互事奉。即使对象有各样缺点，但情爱者依然接纳其全部。两个人的融合，不是为了一方的欲望满足，而是使他们感受到不可替代的幸福。他们的心理意识，因为对方的存在而最为丰富地得到发展。当男女互道"我爱你"时，他们通过唯一的对方见出自己的本质，在相互托付中把自己的全部思想、感觉、意愿奉献给对方。"我们对神及全人类应有的全心付出，在爱情里找到了活生生的典范。"[26]若有一天个体生命的一方抛弃另一方，这乃是对其本质的自我否定。所以，抛弃爱人的人，抛弃的是自己被爱的特质——从前自己认同的那些值得爱的东西。许多人因为在情爱中失败而将此爱感转移到其他对象上，也有的人因此而把对异性的爱转换为对他们的恨。

个体生命在情爱活动中见到自己的真实、价值和意义。双方若要持存在情爱图景里，他们必须在肉体上和精神上实现恒久的交通，否则，情爱将退化为性爱或瓦解。起初，情侣双方发誓爱到永远；最后，许多情侣起誓永远不相爱。在所有的爱感中，情爱最容易善变。

性爱在所爱对象上最为广阔，社会中的男女都可能陷于性爱之中，但因其爱者因在自然向度上同根而最缺少人文内涵。亲爱在所爱对象上，指向那些同爱者在血缘上相关联的人，其自然向度大于人文向度。情爱的所爱对象，只能是另一位对自己抱有情爱感受的人，爱感的双重向度相互融汇交通。由于其所爱对象的单一性，个体生命还得体验价值内容更为丰富的友爱。

友爱

它在希腊文中为 *Philia*，是由内心发出的对最近的人的挚情，是爱者在价值上的、神圣性的人文向度上的同根体验。"*Philia* 这个语词，指两个人之间互相吸引和悦纳的任何感情，但哲学家们却区别出四种：自然或父母般的友爱（*physikē*），同一血缘联结而成的东西；主人与客人（*xenikē*）之间的友爱，指好客的诸种美德的价值；友人（*hetairikē*）之间的友爱，严格地说，正好与友谊相对应；最后，同性或异性之间的充满恋情的友爱（*erotikē*）。"[27]友爱中爱者的肉体生命居于次要地位，它服从于所爱对象的精神生命的引导。既然如此，友爱中的爱者一旦在精神生命方面无所作为时，他便选择新

---

26 路益师（C.S.Lewis）：《四种爱》，林为正译，台北：雅歌出版社，1989 年，第 115 页。

27 See Leon Morris, *Testament of Love, A Study of Love in the Bible*, Grand Rapids: William B. Eerdmans Publishing Co., 1981, p.117 note 11.

的所爱对象，以实现价值上的同根体验。友爱“纯粹是个人之间的事；两个人一旦成为朋友，此二人与群众便多少产生距离。要是没有爱情，就无人行生育之事；要是没有亲情，就无人负养育之责；但是，没有友情，生育养育照样进行。人类就生物学观点来看，并不需要友情”。[28]日常生活中，以肉体生命的生存延续为主题的漫谈，不可能给与友爱中的爱者相互维系以根本的保证。这样的爱者，无非是为了免除自己的孤单感而和所爱的人共同虚度光阴。以权力、金钱、名誉、美貌为内容的友爱交往，背离友爱的人文向度。这种交往，把人引向事实性的肉身存在。爱者在其中获得的，只是他的肉体生命生存延续的事实。这样的友爱，由于所爱根基的无根性，必然面临破裂的危险。

当你看到你的朋友同其他异性在一起而产生嫉妒之心，你对他的友爱就开始转化为情爱了。这是未婚人的福音；但对已婚的人，是一个灾难的迹象，除非你节制自己的情感让它继续停留在友爱的情感水平。不过，这非常困难。

友爱只能把在社会现实中的共在者变成爱者，其所爱对象无法企及历史上的同在者。那些逝去的友人、亲人，在时间的流走中渐渐被人淡忘。这就要求人把自己的爱感图景建立在圣爱的基础上。

圣爱

它在希腊文中为 *Agapē*（love），是一种不折不扣的仁爱。“不论人怎样地待我们——侮辱我们，损害我们，贬抑我们，我们总是以善意待他。”[29]因此，这是一种和人的意志、情感、理智相关的爱。“这是一种坚决的努力——只有藉着上帝的帮助方能办到——以善意对待那些专门要损害我们的人，叫他们得益。”[30]“的确，令人吃惊的是：独立的 *agapē* 几乎完全没有出现在圣经之前的希腊语文献里。”[31]如果联系到耶稣基督的十字架受难才是这种圣爱的表达，这种现象也就无足惊奇了。[32]

---

28 路益师（C.S.Lewis）：《四种爱》，林为正译，台北：雅歌出版社，1989 年，第 62 页。

29 巴克莱：《新约圣经注释》，下卷，上海：中国基督教协会，1998 年，第 1707 页。

30 巴克莱：《新约圣经注释》，下卷，上海：中国基督教协会，1998 年，第 1707 页。

31 See Leon Morris, *Testament of Love, A Study of Love in the Bible*, Grand Rapids: William B. Eerdmans Publishing Co., 1981, p.124.

32 后面一段话，其实就是对圣爱的描述：“奉献的本质就是以心以血去爱，因为爱是最彻底的献身，它要求爱者为了把一片温柔赋予所爱者而牺牲自己的一切。”参见刘小枫：《这一代人的怕和爱》，北京：华夏出版社，2007 年，第 9 页。

　　和友爱一样，圣爱是爱者在爱感的价值向度上的同根体验，但其所爱对象因为和普遍的神圣性相关所以又和一切承受神圣性的同在者全体相关。圣爱关涉绝对价值的价值，同时承诺其他爱感图景的人文向度以终极依据。

　　应当特别说明的是：圣爱并未完全脱离爱感的自然向度，否则爱者将无从爱起。只是，圣爱应许爱者绝对被爱的权利。基督信仰之爱作为圣爱的化身，其合理性便在这里。它一方面冲破了所爱对象的封闭性，[33]另一方面将圣爱成就于十字架上的耶稣基督身上。"爱是真实之发生，而非伦理的规则。伦理规则应以爱的宗教为基础。在爱的宗教中，被钉十字架的爱打破了一切由自然构成的法则，在神性的死中战胜了自然性的死，在自然性的死中复活了真实的爱。在被钉十字架的爱之肯定和否定——肯定生命中的肯定和否定生命中的否定——中，基督的爱支撑着每一位活着的人无根无据的残身。"[34]

　　上帝的爱在耶稣基督里，"因为上帝就是爱。上帝差祂独生子到世间来，使我们籍着祂得生，上帝爱我们的心在此就显明了。不是我们爱上帝，乃是上帝爱我们，差祂的儿子为我们的罪作了挽回祭，这就是爱了。"[35]凭着个体生命从耶稣基督领受的爱，神圣者之圣爱临在于所有的人，住在人心里。

　　圣爱的所爱对象，超越了社会现实中的共在者全体，指向历史中的同在者全体。凡是从创世到终末出现于历史时间中的个体生命，都因着言成肉身的耶稣基督在神圣的上帝之中合为一体。在祂里面，个体生命归向同一位主，共有同一位父，受同一位圣灵的引导，生活在同一国度，具有同样的儿女身份。因为，历史时间中的同在者全体与上帝的儿子同在，分享着同一位上帝的恩典。

　　圣爱，是爱感图景的神圣性向度最充分的实现。对个体生命言，圣爱是他承受在上的那一位向世人的应许——祂应许历史上的耶稣成为信仰的基督。在共在者全体中，个体生命不可能获得圣爱的源泉；从受制于有限性的亲人、情人、友人身上，个体生命无处能取得圣爱的依据。若要在自己的爱感图景中拥有圣爱的维度，除了领纳耶稣基督这位神圣者的肉身外，个体生命毫无办法。因为，没有神圣者的植入，哪有神圣的爱感？

33 参见弗兰克关于"爱的宗教"的论述，刘小枫主编：《20世纪西方宗教哲学文选》，上卷，第366-377页，上海：上海三联书店，1994年。
34 刘小枫：《这一代人的怕和爱》，北京：华夏出版社，2007年，第31页。
35 《约翰一书》4：8-10。

和圣爱相对立的是自恋。从对失去爱的对象的态度可以看出两者的差别。"凡是自恋的人，对自己本身一直都有恐惧。他需要一切的对象和经历，并且要每个和他在一起的人成为他自我的倒影和自我的肯定。爱的对象只能视为'属于我'的私产。他在他者身上所爱的只是自己的共鸣。他所爱的只是'同类'，而不是'他者'。他爱的只是与他相符的和能够提升他自我经历与自我评价的，而不是对他们是陌生的和有敌意的他者。他们失去爱的对象时只能够理解成个人的委曲，这是十分清楚的。相反，凡是因着他者本身的缘故而去爱的，只能哀悼，而不会忧郁。他之所以接纳所爱的人是出于他们本身的缘故，他不会将他们视为己有。在信仰的语汇中，这些人被当作上帝的礼物来承受，因此，当死亡出现时，可以将他们交托给永恒的爱。在爱中经历的喜乐将透过感恩而成为哀悼经历中的一种保护。在失丧的感受中，感恩的心维护了与心爱的人的团契。"[36]在这种圣爱中，哀悼者把所爱的对象交给上帝。不过，"人对他者的爱总是和对自己的爱相联系，因为不是每个对自己的爱都是自恋的爱。对邻舍的爱的诫命预设了对自己的爱：'爱人如己'。恨自己的人又如何能爱别人呢？此外，爱是交互的。如果我爱他是因为他本身的缘故，那么我也知道，他爱我是因为我自己的缘故。真正的爱是超过一种互相利用或是彼此所属的联系。'我'的匮乏和爱人死亡中感受到的自我失落乃是哀悼过程中无法避免的情况，它绝非已经是忧郁现象。无疑，即使是自我肯定、虚荣心和焦虑当中的自恋成份也属于任何一种对自己的爱和在被爱中经历到的对自己的爱。如果将这种对自己的爱完全排除，并认为它是病态，就太不人道了"。[37]

总之，圣爱起源于耶稣基督自上而下的显明，通过承诺其他爱感图景以神圣性的向度实现于个体生命中。离开圣爱所内含的神圣性向度，爱感图景中的性爱将沦为男女肉身的交换、亲爱退化为肉体生命延续的联姻、情爱堕落为肉体生命生存的交往、友爱降格为肉体生命的相聚。一句话，丧失神圣性向度的爱感图景，只是以动物性向度为内容的肉身图景的集合。

圣爱和性爱构成爱感图景的两极。性爱和圣爱，与其说是一种现实的爱感图景，不如说更多是一种人的情感价值向度的表达。从性爱到圣爱，是爱感的人文向度不断增长和其自然向度不断减少的过程；从圣爱到性爱，是爱

---

36 莫尔特曼：《来临中的上帝》，曾念粤译，上海：上海三联书店，2006年，第117页。
37 莫尔特曼：《来临中的上帝》，曾念粤译，上海：上海三联书店，2006年，第119页。

感的自然向度逐渐增长和其人文向度逐渐减少的过程。"实际上，基督教传统一直允许性爱和圣爱的词汇进行某种混合。在久远的传统中，把《圣经》中大量世俗情歌即《雅歌》解释为一个神秘寓言被正典化了。更早一些时候，甚至以色列和她的上帝耶和华（雅威）之间的关系也已经由性爱的语言在希伯来圣经中有所描述。显然，犹太－基督教传统一直以来是接受这种可能性的，即人类之爱可能扩张到充满某人的生命，并因此呈现出普遍的、宗教的意义。"[38]在个体生命的爱感图景中，情爱起着对其他图景的稳固作用。完美的个体生命，必须建立在对爱感图景的全面同根体验的基础上。只有在个体生命获得圣爱的爱感后，其余的爱感图景在人文价值向度上才有了恒定的保证。

圣爱和性爱的共同性，表现在其所爱对象的广阔性上：凡是历史时间中的个体生命都为它们临在的对象。但是，两者在爱感向度上相反：圣爱是神圣性向度对动物性向度的主导，性爱是动物性向度对神圣性向度的统治。"性爱有两个根本的特征：它是般配者之爱，是一种渴望占有的爱。圣爱在两方面与此相对照：它不是一种般配者之爱，不是一种渴望占有的爱。相反，它是一种根本不顾其优点而被给予的爱，它是一种寻求给予的爱。"[39]亲爱与友爱离情爱最临近。亲爱中的自然血缘向度内含人文精神向度，友爱中的人文价值向度包括自然事实向度。双重向度融汇成情爱。

全部爱感图景呈现出的，是人与人的情感关系，要求人人在同根体验中合一。性爱是男性与女性以性为根的合一，亲爱是以肉体生命的生存延续为根的亲人间的合一，情爱是男人与女人以肉体生命和精神生命为根的两人合一，友爱是以精神生命为根的合一，圣爱是以神圣者的临在为根的人人合一。

尽管爱感图景呈现出社会生活中个体生命间的情感关系，但置身于这种关系中的人，必须将爱的根据建立在自我上，它还要基于那承诺自我以绝对差别性的神圣者之上。自爱和圣爱并不矛盾，只要承认个体生命的自我是意识性的、精神性的、文化性的而不只是肉体性的、生命性的、物质性的。因为，圣爱在个体生命中植入的，正是那差别性的圣灵而非同一性的肉身。自爱虽不是爱感图景中的一种，但它引导人面向自我和自我的在上承诺者同根。社会生活中爱的匮乏，是因为人的自我的丧失或异化为无差别的肉体生命所

---

38 唐·库比特：《生活 生活：一种正在来临的生活宗教》，王志成、朱彩虹译，北京：宗教文化出版社，2004 年，第 153 页。

39 Leon Morris, *Testament of Love, A Study of Love in the Bible*, Grand Rapids: William B. Eerdmans Publishing Co., 1981, p.128.

致，即只有自然事实的动物性向度的所爱对象。如果个体生命将自我召唤到意识面前，如果他在这种召唤中承纳绝对自我的召唤，社会生活中的个体生命的爱感就不至于枯竭。所以，爱的前提是自爱，当然不是对自己的肉身之爱而是对使自己的肉身呈现出差别性的精神之爱。开掘自我的价值，拓展自我的界域，只有在承诺终极价值的神圣者那里才获得了根本的可能性。

不明白爱自己的人，他怎么清楚如何爱他人？个体生命应当爱他的时间、意识、文化、精神、言语以及他的需要。这所有一切被爱的对象，在个体生命上都是非物质性的。换言之，在自爱中只含神圣性的人文向度。后验伦理学对爱感图景的展示，是为了使个体生命知道如何将生命情感投注于自我中去、达成与他人的合一。

爱者诞生于爱的逻辑图景中，这意味着个体生命应当爱其所爱。相反，爱的悲剧，根源于爱感错位。由于情爱完美地融注着爱感的双重向度，个体生命最容易将亲爱与友爱移情为情爱。这一方面致使友爱不可能继续同根下去，另一方面或带来情爱的破裂。

爱感错位

这在人的感情生活中经常出现，个体生命对完美情感的渴求为其原因。不过，一旦个体生命认清爱感图景在哪一个层面上同根，爱感错位所造成的情感悲剧就能避免。爱者与被爱者，必须在同一层面实现同根体验。社会共在的有序性，就从爱的逻辑图景中呈现出来。个体生命在不同的爱感图景中体验同根。

伦理书写

照书写性质的不同，价值逻辑论把书写分为学问形态的与精神样式的两种。科学、伦理、审美的书写属于前者，形上、艺术、宗教的书写属于后者。和其他书写方式一样，伦理创作与伦理接受构成伦理书写的两个层面。

学问形态的伦理书写和精神样式的艺术书写的差别在于：前者以个体生命的共在为使命，后者以个体生命的存在为目的。伦理创作是作者以自己的个体生命的存在为原点同他人共在，伦理接受是读者以其个体生命的存在为基点同他人（作者）共在。在伦理创作中，由爱感图景内含的此岸生命情感向作者的潜在共在者流去，作者的生命情感指向他所爱的个体生命。伦理接受却呈现出相反的生命情感走向，一如主人在迎纳客人。伦理创作如客人造访主人。

既然书写的是此岸化的生命情感，既然生命情感寄居于现实的个体生命上，那么伦理书写带有有限性的特质，不但作者而且接受者也有限。这和艺术书写以表现无限的生命情怀为规定性相差别。

在书写语言上，伦理书写为感受性的，艺术书写为感觉性的。感受源于感受者的爱感，它唤起个体生命的同根共在。至于感觉，正如在先验艺术论的呈现中所言明的那样，它追求外在于生命情感的形式，把书写的情感形式化。艺术爱者执着的是生命的形式，伦理爱者把爱感的自觉当成所爱的目标。

伦理爱者基于个体生命在情感向度上的同根体验，他是爱的见证人。其代表为伦理家。

伦理文本

伦理家这种活动性文本，以其共在活动展示爱感图景。他诞生在伦理接受和伦理创作中，其中介为作为期待性文本的伦理品。个体生命的爱感图景和由爱感错位引起的情感图景，栖居在伦理品里，期待着伦理爱者的进入。但伦理爱者，必须以自己的生命情感才能和伦理品中的生命情感发生共在关联。假如他以生命理智或生命意志去实现与伦理品的对话，其结果是对伦理品的瓦解，同时将自己的爱感图景消灭在自己的进入方式里。

伦理品是伦理爱者相互共在的见证，伦理家存在于世界中为爱感图景作见证。这种图景，以同根体验为基础。个体生命见到伦理家，也就从其共在活动中发现了同根体验的现实典范。不用说，伦理家为后验伦理学的倡导者，更应该是其实践者。

对个体生命言，即使爱感图景源于他的感觉性共在活动，但伦理学所呈现出的爱感图景却是后验性的。后验，是个体生命在经验同根体验后积淀于意识生命体内的一种经验，和个体生命在先占有生命情感的形式化经验的先验相差别。伦理与艺术的个别性就在这里。没有对同根体验的经验，个体生命便谈不上爱感。但这并非意味着他与伦理学无缘，只是其后验性的强度不够。任何伦理道德规范，都植根于生命情感倾向内在合一的需要，否则就是非人性的、反道德的。因为，道德的目的，是为了达成人人共在而不是他们的分裂甚至互相消灭。

既然后验伦理学源于人的生命情感追求内在合一的需要，作为其中心问题的道德之善恶的内涵便演变为爱感同根。凡是有助于爱感同根的就是善的，相反则是恶的。

从和生命情感的内在相关性中，价值逻辑论得出后验伦理学与人的生命理智的理性论证无关的结论。理性，给与科学以知识体系和形上以思想体系，但从中演绎不出以爱感图景的呈现为使命的伦理学。理性在个体生命的伦理行为中，后景置于人的意识里。这迫使人在伦理生活中拒斥为什么之类的疑问。

后验伦理学

它从其对象、语言、使命三方面展开。此岸世界的生命情感——性爱、亲爱、情爱、友爱、圣爱（由神圣者之爱承诺在历史上的耶稣基督里，因而它是一种此岸化的生命情感）——为伦理学所呈现的对象。如果借用理性提问的方式，那么，伦理学所问的对象乃是念的对象。人的活动的存在性，使内含于其中的生命情感成为一个动力学概念。人之所以要爱和念他人，因为他必须在爱中丰富自己的个体生命。伦理生活就是个体生命向爱而去的生活，就是他在爱中分享和他人的共在。

伦理语言为感受性象征语言。呈现个体生命的生命情感借助的，是象征而非符号。伦理学的一切规范，都拒绝论证、说明、解释。爱的对象即爱者在所爱活动中的感受。在此意义上，伦理语言为一种描述性语言，所指就是能指，所爱的就是因着爱的。感受的深度，决定了爱的深度。在伦理学中，一切理性的发问如为什么爱之类的问题，不仅注定没有答案，而且背离伦理语言的感受性特质。什么样的爱才是真正的爱这种追问方式，因着伦理语言的感受性而不合法。凡是关于爱的定义，只能是一种描述性的后经验。

伦理使命的后验性，将圣爱的维度建立在历史的耶稣基督而不是抽象的观念基础上。耶稣基督的到来，把个体生命和神圣上帝发生同在关系变成现实。只要跟随基督耶稣，个体生命就能体验到圣爱，在和基督徒的共在中体验到上帝所表达的爱。当然，这种圣爱图景作为其他爱感图景的超越指向，也不同程度地呈现在个体生命的相互共在中。生命情感在此岸社会生活中的同根体验或归宿，使之成长为片面全人的情感，这构成后验伦理学的目标。

理想的人生形象

后验伦理学从个体生命的心灵本性的展示而来，在过去的历史和时代中不自觉地内含有它的根据。因为，个体生命是先有伦理生活，其次才有作为学问形态的伦理学。在今天这个走向全文化的时代，后验伦理学将自觉地展开在个体生命的共在活动中。历史的结果，最终将个体生命全体合一在圣爱的给与者里。其间，个体生命以片面的全人为理想的人生形象。

后验伦理学作为个体生命如何共在的伦理学，也可称为生活伦理学。它超越任何主义任何制度之上，以个体生命的现实共在为关注课题。以善为对象的伦理学，停留在途中之物而未追问这途中之物的根源，它从概念到概念。不过，一旦我们用理性之思追问善的根源，其最终结局，会使追问变成一种对爱感图景的展示。尽管善的根源和彼岸相关，但它呈现在现实的此岸生活里。

传统的科学伦理学与哲学伦理学，以理性文化的阐释性符号语言为自身的言语，其结论是概念性的、观念性的。符号语言的能指与所指的分离，迫使伦理家在彼岸追问善的终极本源，而不是把一切伦理植根于现实的此岸世界中，不是为现实的人生承诺理想的人生形象。

社会的共在性，要求后验伦理学反对强者对弱者的吞灭或弱者对强者的扼杀。由个体生命爱感图景中呈现出的亲爱、情爱所内含的血缘向度，仅仅为伦理生活的一种自然向度。它不是伦理生活的根基。对人的心灵的弱化、对人的存在的生物学化、对爱的精神向度的取消，使伦理学丧失了人性论的目标。相应地，后验伦理学以片面全人为理想的人生形象，这是一切愿意成为人的人的典范。

全人包括社会生活中的共在者和历史延续中的同在者。全人不是完人，但他拥有人的完善，他以人的存在本源中的生命情感、生命意志、生命理智之一为前景、其余为后景建立人生，所以他是片面的。片面全人，最为典型地体现在学问形态与精神样式的创造者即科学家、伦理家、美学家、形上家、艺术家、宗教徒身上。这些片面全人的人生形象，向一切存在者显明了人生的模样。它反对个体生命从人性的中间性（在物性与神性之间）的远离，反对那些阻止他人成为人的人。其反对的方式乃是教化人。

人是精神的存在者，人生是一个精神化的过程。精神的丰富性，源于人的存在努力。这种努力，在社会价值逻辑中指个体生命的共在。个体生命如何同他人的个体生命共在呢？答案是他带着个体生命的精神性和他人的精神性相遇。人的理想是做片面的全人，以其存在本源中的一种因素为前景开出在意识生命里，同时后景置入其他因素。他反抗价值虚无把死亡当作自己的边缘处境，以文化的建构为取向，以精神为自己的基轴。

　　片面全人这种人生形象，之所以是理想的，正因为他是人从虚无出走的灯塔。他提升、期盼个体生命的到来。理所当然，不能把全人误解为神化的人。全人通过个体生命的存在本源在其社会共在活动中的开出与置入行为，使人精神化。但精神化的人，并非全人本身，而是他的肉身形式。全人作为理想永远不可能实现，实现的只是片面的全人。他向个体生命发出存在化的召唤。

　　后验伦理学，把片面全人当作理想的人生形象，因为他根植于人生的边缘处境，因为个体生命能够企达的就是这种形象。片面全人不是超人。超人即以生命意志为前景、生命情感和生命理智为后景的片面全人；黑格尔心中的智者也不是全人，他是以生命理智为前景、以生命情感和生命意志为后景的片面全人；同样，庄子的真人不是全人，他是以生命情感为前景、生命理智和生命意志为后景的片面全人。他们都不是全人，因为他们以全人为理想，只是片面全人。

　　和片面全人相对应的、在伦理生活中最为流行的人生形象是强者与弱者。

　　强者相信自己所受的教化是人性的本质内容，相信自己作为真理的拥有者因而过着所谓赋有神圣依据的生活。他把爱理解为对强者的尊重和对弱者的蔑视，把知识当作价值的恒定尺度与人生的根本教养。他自以为能够独立直面人生的现实苦难而不像弱者那样在相互联合中虚度人生，他将弱者纳入无价值、无本质的类。在这样的差别视界中，弱者指那些甘愿放弃人的本质的人，那些敌视价值、远离时间和文化的人；强者属于和一切价值观念相关的人。

　　强者道德的诞生，根源于权力、金钱和技术的神化。有权者根据亲爱原则承受了在先的权力而成为强者，有钱人由于占有财产充当了强者的角色，有些人凭着对技术的把握获得了强者身份。但是，权力、金钱、技术，并不构成价值尺度本身。因为，权力的价值在于使个体生命得到最大的可能发展空间，金钱的价值在于对满足肉身财富的占有，技术必须以守护个体生命的存在为价值目标。总之，个体生命的人化实践，才是权力、金钱、技术的内在准则。在此意义上，作为强者道德根据的权力、金钱、技术，都受到人性中间性的限制。它们的价值，取决于是否使个体生命远离人的自然向度同时投奔人的人文向度。因为，肉体生命的差别性，只有在被精神性充满后才是人的肉体生命而非动物的肉身。

　　强者道德仅仅为强者设立。它不是为了包括弱者在内的一切人。虽然它承认强者与弱者的差别性，但否弃人与动物的终极差别性。相反，片面全人，不但把人和动物的差别性当作基点，而且强调个体生命间的差别性即他的片面性。无论强者与弱者，其理想的人生形象乃是片面全人。这种人把献身于意识、精神、文化的生活当作自己的基本生活，其自我的价值在于对文化的创造；这种人自觉到自己的存在的中间性而非神性境遇，他向强者和弱者昭示出：人就是人化的历程，就是人从动物性向度过渡到神圣性向度的人生。对那拒绝人化又阻止他人人化的人，片面全人的态度是爱而非恨。他用爱去唤醒他人对人的价值的爱。

片面全人以全人为理想，但他铭记着自己的片面性，他的作品只不过是其中间性的见证而非对神圣性的笼断。他不是神，但通过对价值逻辑的追求同神圣性相关联，他不用权力管制他人也拒斥他人的管制，他节制肉体生命的欲望将生命献给意识、精神、文化。他不是从强者发展而来，因为强者已使他人置于弱者的境地；他不是主人的另一种身份，因为主人即对他人的奴役。他把教育的目的放在个体生命的全人化上，使其在教育中获得智慧之思、热情的爱以及勇敢的为的质素。片面全人，按照爱感图景在社会生活中实现和他人共在。

中间人道主义

片面全人这种理想人生形象的理论依托，是中间人道主义。价值逻辑论，把从前的一切人道主义称作纯粹人道主义。其纯粹性，表现在人以自身为人道之本源，反对在人之外、人之上寻求人道的根据，否定神言对人言的绝对在上性，把人的存在本源中的部分质素如理智、情感、意志神化，因而纯粹人道主义将自身的逻辑建立在人的神化原则上。从文艺复兴以来的近代人的傲慢的理由隐藏其中。

人的神化构成纯粹人道主义的普遍逻辑，因为它需要普遍逻辑的终极承诺。不过，人作为个体生命的有限性，不可能为纯粹人道主义给出普遍的尺度。人的神化逻辑，不但是不公义的，而且是不可能的。在现实伦理生活中，个体生命永远呈现出的是个人而非普遍的人类。人类是由个体生命相互融通生成的精神的、文化的共同体，它不以具体的个人为代表。那么，纯粹人道主义从何处获得自己的普遍性呢？既然个人不再是其普遍性的给与者。

若不承认神性对人性的普遍性，需要普遍逻辑承诺的纯粹人道主义，就会从作为个体生命的共同性的动物性以及物性方面得到普遍性的保证。于是，纯粹人道主义的结局，将沦为非人道的动物主义和物质主义。这样的哲学意味着：人的肉身生活即人的本质生活，人对物质的占有即对自身的占有，人和动物的差别性为其同一性所取代。纯粹人道主义，暴露出它的不纯粹性，它不但使人远离了人的向度，而且让人沦落为非人的物性之在者。主观上以个人的全面发展为目的的纯粹人道主义，客观上是对人的人化的否定。基于人的动物性的这种人道主义，按照动物的生存竞争原则使部分人成为强者其余的人为弱者。难怪在自称为最人道的国家，必然出现了最不人道的迫害事件。

从人的价值逻辑看，纯粹人道主义是一种虚无主义。因为，从物的物性、生命的生长性和动物的生存性中，推不出人的人性或人的差别性价值逻辑（人作为个体生命的个别性，在于这种价值逻辑的承诺），从物质自然体、自然生命体和肉体生命体中延展不出人的意识生命体、精神生命体、文化生命体和灵性生命体。人若丧失了灵性的、文化的、精神的、意识的规定性，即使他拥有物质的、生命的、肉体的内涵，他在价值上依然是一个虚无之在者。

况且，在此前的心理价值逻辑与社会价值逻辑的探究中，已呈现出人的意识性和精神性同神圣之灵的相关性。换言之，一旦要从差别性直观的角度审视人和动物的差别，就离不开内含于人性中的神性向度；一旦纯粹人道主义坚持自己的纯粹人道性，就必须展示人的中间性特质。新人道主义是一种**中间人道主义**，它把人性的规定性置于物性与神性之间，它从人的动物性向度和神圣性向度去实践人的人化。它反对人的物化和人的神化，反对片面的人的动物性生存和人的神圣性灵在，它以言成肉身的耶稣和肉身成言的基督为人生的典范。在人类历史上，只有耶稣基督才最完满地实现了人的中间性，即人的人性。历史上的耶稣，未放弃对世人的肉身关怀才降卑自己成为现世的肉身；信仰的基督，未忘记自己的所来才被升高成言。肉身在世的世人，从耶稣基督那里看见了人的生活的终极意义与终极价值。

中间人道主义，否定以物质性、生命性、动物性为人性的内容，但不否定它们本身对人性发展的价值；同样，它肯定以意识性、精神性、文化性、属灵性为人性的构成部分但不肯定神化它们的倾向。个体生命的存在——人生，乃是人的双重向度的交通和融合，是物质与意识、生命与精神的相互往来，是人作为肉体生命、意识生命、精神生命、文化生命、灵性生命的全然存在。

中间人道主义作为一种人道主义，它关怀个体生命的意识存在、精神共在和文化同在。它借助对心理学、社会学、历史学的重新审视达成这种使命。

换句话说，心理学是展示个体生命的意识如何存在的学问，社会学是研究个体生命的精神如何共在的学问，历史学是以个体生命的文化如何同在为对象的学问。

新人道主义，并不为人在自然面前立法，但它要为人本身立法，为人的共在及其同在找到终极的根据。它否定以任何自然性的尺度如出生、血缘、种族、地理等去审断个体生命的价值，它护守个体生命间在意识上、精神上、文化上以及在灵性上的差异。但是，这种护守的工具，不是强权的恐吓、金钱的收买和技术的监控而是爱。在新人道主义看来，个体生命的价值大小，仅仅是一种价值差别而非价值贵贱。赋有价值差别的人，都是片面的全人。

新人道主义的崛起，基于对纯粹人道主义的不可能性的反思，它昭示出人类正在向全精神文化时代迈进。纯粹人道主义，一方面在逻辑上不可能坚持自己的纯粹性，他方面代表从前的片面精神文化时代的产物。理性文化、感性文化和意性文化，以个体生命的存在本源中的一种质素为前景，在未来的全精神文化时代将呈现出它们的有限性或片面性，其万能性的狂想因为人的中间性处境而被抛弃。由新人道主义所开启的全精神文化时代，把个体生命的理想人生形象认定为片面的全人，把人类的历史分为**权力政治时代、资本经济时代和精神文化时代**[40]。纯粹人道主义，出现在人类从权力政治时代向资本经济时代的过渡阶段，新人道主义崛起在人类从资本经济时代向精神文化时代的过渡阶段。人类历史上的任何民族，只要从权力政治时代向资本经济时代过渡，那里就必兴起纯粹人道主义；它们只要从资本经济时代向精神文化时代过渡，那里就有新人道主义。这种历史阶段论，同历史进步论无关，它是人类历史本身的展现。

纯粹人道主义内含的物性为人性的价值逻辑，构成资本经济时代的根本逻辑。在这样的时代，人与人的社会共在乃是肉身共在，它区别于权力政治时代人与人的肉身屈从关系。精神文化时代中的人与人的社会共在为精神共在，肉身间的独立关系代替了肉身间的屈从关系、并构成精神共在的基础。

---

40 在 2007 年版中，笔者将此命名为"权力时代、经济时代和文化时代"。现在的修订，参见查常平：《中国先锋艺术思想史第一卷 世界关系美学》，上海：上海三联书店，2017 年，第 25-29 页。

价值逻辑论把世界纳入历史与逻辑的相关性中来考察，所以，新人道主义的世界观，是一种历史逻辑观。由于人的中间性为新人道主义的基点，新人道主义的世界观缩小为关于个体生命的存在、共在和同在的学说。它包括在价值逻辑论中的心理学、社会学以及历史学。新人道主义，从人的创造本源把人理解为意识的存在者和精神的共在者，从人的创造结果将人规定为文化的同在者，从人的创造中介看人是语言的存在者。意识、精神、文化、语言，从不同方面揭示出人的内在性。人的一切问题，都必须从人的中间性出发在心理的、社会的、历史的、语言的层面加以言说。

新人道主义，是从早期纯粹人道主义发展而来的、关于人如何存在、共在、同在的学说。它自觉到纯粹人道主义的非纯粹性，但不否认后者在人类从权力政治时代向资本经济时代过渡阶段里的价值。它未将人分为强者和弱者而是以片面全人为理想的人生形象。它把人类引入一个全文化的时代，使更多的人献身于人类学的不朽，反对人把自己的个体生命奉献给以肉体生命为基点的世俗化不朽。它意识到人作为个体生命的有限性和人性的中间性所内含的对神圣性的不可缺失的需要。离开神圣性在人性成长中的提升作用，人就会向动物性方面沉沦，或者说，动物性将把人拖入自己的领地中。

新人道主义，既是人类实现自由国的方法，又是自由国实现后的人类图景。在人类通往自由国的途中，那些沉溺于动物性的人必然敌视神圣之灵的存在，因而把同圣灵相关的精神生活和文化生活当作不属于人的生活。他们排斥人对形上、艺术、宗教这些精神样式的献身。尽管如此，新人道主义，并不用强权、金钱的方式让他们走上自由国之路，而是用文化的教导在人世间实现自由国的理想。没有教化，就没有新人道主义。

在新人道主义的视界里，个人的理想形象是片面的全人，民族的理想是实现人类的同在。基于个人和人类之间的那些亚类观念如国家、民族、党派等，不但在人的意识生命里而且在现实生活中都将逐渐消失。所以，新人道主义，是关于人的解放的学说。它把人从自然的、社会的、历史的奴役中解放出来，把人从虚无地平线上凸现出来。它通过个体生命承受在上的终极承诺解放自身，从而达成一切人的解放，这就是自由的国度。

自由国

它本身已指明通向自由的道路。对个体生命言，自由意味着我的主体化和客体化的存在本源的觉醒，我在符号语言的思中、在象征语言的爱中、在指使语言的为中从虚无地平线上呈现于存在之域。我思使人远离动物世界，我爱把人和人关联为人类，我为带给人存在的现实。个体生命为自由存在，他从创造者那里得到自我规定的自由。创造者创造人，不是为了使人像物质一样生活在暗昧里，而是要人去沉思顿悟为什么被造的命运；不是为了让人独占自己的个体生命，而是要同他人分享精神生命的荣耀；不是为了叫人在日常生活中虚度时间，而是为了他的人化。人的全部活动，就是为使自己成为自由人的努力。在自由国里，人与人是一种精神共在而非肉身共在的关系，更不是肉身屈从的关系。任何团体，只有在为团体中的个人提供比个人独立活动更大发展可能性时才有存在的依据。对那些无意识、无精神、无文化的人，文化人有责任促使他们自觉。价值逻辑论，把对文化的创造当作人的本质工作，它不激励人去追求权力、享受金钱。因为，权力的产生，源于人在社会生活中的肉身共在；金钱，无非是代表着对满足于人的肉身共在的物质财富的占有。这些在走向自由国的片面全人看来，只是实现其本质的手段。在自由国里，人的本质是创造和承纳人类的文化，个体生命向虚无开放，人的创造力得到最大限度的发展。他们以开放的心灵从不可能的世界中生起可能的世界。

社会政治学

政治学的社会性

对单一的个体生命言，没有所谓的权力问题。在人与人之间除了社会伦理学所关注的情感关系外，还有权力关系。政治学就是研究人与人的权力关系的学问。由于涉及人与人的关系，社会又由这种关系构成，所以，政治学带有社会性的规定性。政治学，不但以社会现实中的个别团体间的权力关系而且以共在者全体为自己的对象。社会现实中的任何共在，都属于政治学的考察领域，他们如何实现权力共在，成为政治学的基本使命。社会政治学所探究的人与人的权力关系，当然不是指作为自然权力的生存权，而是指他们作为共在者的共在权。生存权属于一切肉体生命体的权力，在价值逻辑论中意味着一切动物的权力，正如植物有生长权一样。个体生命的自然权力未被当作社会政治学的对象，这不是说它不重要，而是说它自有其自明的神圣基础。正如生理价值逻辑在关怀肉体生命体时在先以其生长权为前提一样，社会价值逻辑在社会学上讨论个体生命的共在权时也在先以其生存权为条件。

但是，由于个体生命在社会现实中以精神生命体的样态出现，社会政治学因此首先把精神生命体的相互权力共在当作自己在先的探究对象。而共在本身，就是一种权力关系，一种以社会平权为基础的个体生命间的关系。社会政治学，把社会权力共在当作自己的问题，它排除了展示人的自然权的必要性。社会共在权这种个体生命的基本人权，不是一种肉身屈从与肉身共在而是一种精神共在的权力。任何把社会共在权解释为肉体生命的生存权的理论，都是把人仅仅理解为动物的结果。这种理论客观上要求对人展开奴役，主观上必然剥夺人作为精神生命体的权力。因为，人的任何精神活动，无不违反这种理论关于人是动物的规定性。不仅如此，在这样的人看来，个体生命的存在权，也不过是一种他作为动物的生存权。他们对神圣性的抗拒和对个体生命的精神性活动的限制，是其关于人的本质信仰的自然呈现。不过，价值逻辑论，已从个别价值逻辑相间的差别性上阐明了人这个意识生命体、精神生命体和动物的肉体生命体的根本差别。况且，这种差别，由于历史文化的承传外在地彰显于共在者全体。因为，人还是文化生命体。

爱感图景把个体生命在伦理情感上合一，社会政治学却守护个体生命在社会现实中的共在权力。社会由什么构成呢？它是由个体生命的权力共在组合成的社会结构。任何社会一旦未把自己建立在权力共在的基础上，它就会发生暴力革命。革命前的预兆，是个体生命作为肉身共在的不可能性。极权社会，一方面努力将人降格为肉体生命体，另一方面自觉限制人的任何精神活动。其原因在于：它不是以社会平权为基础的共在者团体，而是以社会暴力为信念的隶属者团体。极权社会发生暴力革命的理由也在这里。暴力革命摧毁的，是极权社会的结构而非它的社会信仰。因为，革命自身和极权社会一样，以共在者全体不可能共在为前提。在此前提下建立的新社会，必然是极权社会。暴力革命和极权社会，共同以人与人的隶属关系为哲学。价值逻辑论把人与人的社会共在权力当作政治学的内在规定性，这表明真正的政治学和极权社会的不相容性。政治学的研究，属于个体生命的精神活动领域，而极权社会根本不承认人的精神活动所内含的精神性之于人的本质性。相反，只要一个社会的政治学越发达，那个社会的权力共在信仰就在代替权力隶属观念。

作为社会结构论的政治学

社会政治学所说的社会，是由人与人的权力共在组合成的结构。不同社会呈现出不同的社会结构，只是那个社会的个体生命间权力共在方式的差别。当然，展开不同社会的权力共在方式并批判背离权力共在原则的极权社会，是社会政治学的一项任务。但是，价值逻辑论，只是从一般意义上言明这一点。社会政治学把权力共在设定为自己的基本原则，因为正如在极权社会与暴力革命的关系中所显明的那样，社会的社会性的持存、社会结构的稳定必须以人与人之间的社会共在为前提。极权统治，在毁灭稳定的社会结构的同时，毁灭了人作为共在者而存在的盼望。另一方面，暴力革命最终带来的，是被革命者对革命者的绝望和抗议，即使这种抗议是以无声的方式进行的。

政治学，研究社会结构的可能性和以社会权力共在为基础的社会构成。所以，社会政治学是一种社会结构论。如果一个社会要持守自己的社会性即回避革命，它就必须把人与人之间的权力共在当作自己的社会信仰来接受，它要在人与人之间的权力共在中培育、护理真正的社会团体。这是从反面对社会解体原因的回答。

什么是权力

权力问题出现在人与人的关系中。个体生命对自身而言，没有这样的问题。即使有人说他有自杀的权力，这也意味着自杀者相对他人享有结束自己生命的权力。当自杀者如此言说的时候，他已经把他人纳入自己的存在界域了，他已经活在与他人的关系当中了。自杀权表明：自杀者在结束自己的生命时，他人无权干涉甚至代替自杀者。自杀权把自杀者之外的他人排斥在自杀行为的实施人外，那不可能介入自杀行为的人受到自杀权力的制约。它认可自杀者自杀的权力，同时又是阻止他人介入自杀者的行为的权力。从这里关于自杀权的一般分析中，价值逻辑论得出权力的定义：人与人的**制约关系**。制约包括认可和阻止两方面。社会政治学所关怀的社会权力共在，正是建立在对权力的这种理解上。

在极权社会里，由于极权统治者权力的神化，被统治者的权力处于零状态。他们只拥有权力制约中的认可能力而无阻止能力。况且，这种认可，实质上是基于极权统治者的自我认定，被统治者既然丧失阻止能力，他们的不认可也必须以认可的方式表现出来。他们只能在认识、认同、认信统治者的权力中生活。极权统治者与被统治者之间，因其权力的神化而成为"神"与人的关系。尽管被统治者的权力对极权者无阻止能力，但他们依然处于一种相互制约的关系中，只不过被统治者的权力阻止因素降到了零点。权力的神化，构成极权社会的基本价值逻辑。极权者为了达成这种逻辑，他不得不对上帝本身采取否定的态度。如果相对一切被统治者还有一位高于他们的极权者的上帝，那么，极权者的权力神化怎么可能呢？在终极意义上，上帝只有一位。被神化的极权者和上帝本身无法共在。

极权社会内含暴力革命的必然性。原来，社会权力共在作为社会平权的基础，也是社会持守其社会性不可缺少的因素。在极权社会里，被统治者因为没有权力制约中的阻止能力，他们构成不了能够和极权者共在的一方，因为他们没有共在的资格。当极权者将被统治者的权力认可能力一同剥夺后，极权者的统治对被统治者就不再拥有任何相关性。置身于和被统治者无关联的极权统治者，当然不可能继续统治下去。暴力革命，于是成为极权社会调解极权者与被统治者的矛盾的唯一选择。不仅如此，暴力革命和极权社会遵循同一逻辑：前者是被统治者对极权者的权力阻止能力的剥夺，后者是极权者对被统治者的权力阻止能力的强取。难怪暴力革命的结果还是极权社会？难怪极权社会的旧中国总是摆脱不了暴力革命的轮回？

> 从强制的集体的愚蠢
> 到文明的精密的计算，
> 从我们生命价值的推翻
> 到建立和再建立：
> 最得信任的仍是你的铁掌。
> 从我们今日的梦魇
> 到明日的难产的天堂，
> 从婴儿的第一声啼哭
> 直到他的不甘心的死亡：
> 一切遗传你的形象。
> ——《暴力》，1947 [41]

暴力本身具有一定的强制性与遗传性，它着床于极权社会。社会这个本来由人与人的权力共在形成的结构，要是使部分人失去了共在权力，那么，源于权力的制约因素对那些无权的人就失效了。暴力革命，往往发生在被统治者的权力对极权统治者的权力完全无法制约的时候。

---

41 穆旦：《穆旦诗文集1》，北京：人民文学出版社，2018年，第261-262页。

权力制约的认可和阻止两种能力，对消除社会暴力、维护社会延续起着根本作用。正是极权社会本身，为社会暴力革命的出场给与了必然的可能性。在极权社会内部，隐含着出现暴力革命的逻辑。凡是在人与人之间存在权力相互制约的地方（即使那里有被统治者与统治者），社会的延续才有现实基础。哪里发生暴力革命，哪里之前就有极权者的神化现象。这种被神化的极权者的权力，并不是普遍权力。极权社会中的暴力革命，从事实方面说明了这一点。普遍权力作为普遍的权力，不可能被替代。极权者的权力被替代，只因为它对被统治者的权力缺少根本的普遍性。换言之，极权说穿了是一种个别权力的极端化形式，构成王朝灭亡的根本原因。纵然极端化了，但同样逃不脱一切个别权力的个别有限规定性。

普遍权力与个别权力

普遍权力的根源既然甚至和个别权力的极端化形式——极权——本身没有关联，那么，它来自何处呢?

在逻辑上，普遍权力只要是普遍的权力，它就不是个别权力。普遍权力的普遍性实现于个别权力中，但个别权力的总和不等于普遍权力。普遍权力阻止个别权力对自身的僭越和个别权力的相互僭越，它认可个别权力的个别性。相反，个别权力之所以是个别的，只因为它从普遍权力那里分享了普遍的个别性。个别权力相对其他个别权力是普遍的，所以它不被代替。通过绝对认可个别权力的普遍性，普遍权力阻止个别权力神化的可能性。

个别权力从普遍权力承受普遍的个别性，它作为承受者的身份决定了自己不是普遍权力的承诺者。这样，普遍权力在个别权力外，显然有自己独立的依托——它就是神圣者的全能性。神圣者认可普遍权力的普遍性，同时阻止个别权力的神化即个别权力对普遍权力的替代。神圣者认可个体生命的存在权、阻止他人对任何个体生命的存在权的剥夺。个体生命之间的权力制约和权力共在的根据，从此得到承诺。

神圣者的全能性，表现在祂的自我认可和自我阻止的能力上即自我制约方面。祂认可自身的神圣性，借助言成肉身和肉身成言阻止自身的个别化。祂的全能性，使自己之言能够生成为肉身，并为那来源于言的肉身以成言的保证。神圣者的言成肉身，是为了给与一切肉身——个体生命——成言的希望，使神圣之言同肉身发生关联，从而赋予人的肉身以神圣性，即和动物肉身的差别性。

最让人疑惑的是：神圣者的全能性为什么对人的自由意志不构成限制呢？

人的自由意志，对象化在政治学中即他的个别权力。个体生命只有在行使个别权力时才是绝对自由的，否则就会像极权者那样因其妄图僭越普遍权力而在暴力革命中丧失了自由。神圣者若不给与人以自由意志，人和动物的差别性将被同一性所代替。人沦为动物的命运，意味着神圣者和人无必然关联。这样，神圣者的自我制约所体现出的全能性，便不再有任何意义。因为，人失去自由意志的同时，也失去了认可神圣者的全能性的自由，更无法阻止一切个别东西的神圣化。

个别权力间的共在关系

人的自由意志的边界，是个体生命的个别性存在。所谓自由意志，最终都是个体生命的自我承诺和自我规定的特质。一旦个体生命和其他个体生命发生关联，他在政治上所持守的乃是权力共在原则。这种原则，要求个体生命之间相互制约。神圣者所承诺的普遍权力，恰恰通过个别权力间的相互共在实现对自己的普遍性的护守。

何况，人的自由意志在场的场所，更多的是个体生命的意识的、精神的、文化的而非政治的、经济的、法学的领域。内在于人的自由意志一旦外在化，就成为人与人之间的权力关系。正如对单一个体生命本身无权力问题一样，在人和人之间也没有自由意志问题。所以，个体生命的自由意志，内含有限性的特质，发生于人与自我的关系中。其有限性的边界是他人的自由意志。

个别权力共同承受普遍权力的承诺，因此，个别权力间处于相互平权的地位。它们共同受到普遍权力的认可和阻止。普遍权力认可个别权力的绝对个别性，但阻止它向自身和其他个别权力僭越。个别权力僭越普遍权力，通过剥夺其他个别权力得以实现。为了保证永远处于个别性的地位，它除了要接受普遍权力的限制外，它们彼此还必须处于相互的制约关系中——个别权力认可其他个别权力的个别性，但阻止其他个别权力的越权行为。个别权力间的相互共在关系，应是个别权力的内在规定性。但是，要实现个别权力的相互共在，其前提是个别权力的有限性。这种有限性，要求个别权力的持有者明确意识到自己的权力受到普遍权力的限定，同时也有他人的个别权力的制约。换言之，个别权力的有限性在权力持有者那里，应当是一种关于权力有限性的意识。他意识到自己在权力结构中认可和阻止两种能力都有限，但这不意味着放弃自己对其他权力持有者的个别权力的制约。他的个别权力，唯有在认可和阻止其他个别权力时，其个别性才得以展现出来。所以，个别权力间的关系，实质上是一种有限权力相互共在，它们共在于普遍权力的限定性中。

普遍权力如何限制个别权力呢？社会政治学在探究了普遍权力与个别权力的关系后，究竟选择什么样的社会结构为其理想形式呢？

有限分权制

个别权力在共同受到普遍权力的限定后又相互限定，这使其成为有限分权制中的因子。有限的个别权力，来源于对普遍权力的分享。既然个别权力独立由普遍权力承诺其个别性，那么，它不过是对普遍权力的部分占有。有限分权制把个别权力纳入有限性的规定中，让个别权力在相互制约中保持普遍权力的给与性。不过，有限的个别权力的总和，不等于是普遍权力本身。如前所述，普遍权力的普遍依据，不在个别权力及其总和里，而是在神圣者的全能里。因为，个别权力的总和，依然带着其本质上的个别性。个别权力在数量上的增加，并不可能在质量上改变个别权力的性质，即越权承诺个别权力总体以普遍性。

当然，极权社会不承认有限分权制。极权者在剥夺个别权力总体时，也将自己的个别权力伪装为普遍权力。这两种活动对极权者乃是同时进行的。当极权者开始阻止个别权力的分化时，他宣称是普遍权力的给与者或持有者。但是，在极权者这个伪称为普遍权力的持有者之下，往往呈现出有限分权的制度形态。衡量一个社会结构是不是极权社会，社会政治学主要从普遍权力的根源上加以审定。若一个社会的普遍权力是通过个别权力的神化而来，它就属于极权社会；它的权力根源不在个别权力里，这个社会就是非极权社会。

社会经济学

经济学的社会性

和没有政治学中的权力问题一样，单一个体生命也没有经济学的私权问题。经济学的问题域，最终建立在人与人的关系上。它的社会性同政治学的社会性的差别，表现在它将政治学的权力对象化为一种对财富的占有权。经济学并不抽象地关注人与人的权力制约关系，它关怀这种权力的物化形式——私权——所揭示出的人与人的共在关系。简单地说，经济学的社会性，就是指人与人的私权共在性。个体生命如何占有自己的肉体生命及其物化形式——从政治学的视界看是权力的物化形式——构成经济学的核心问题。但是，社会经济学，将私权共在确定为自己的基本命题，其原因在于它作为社会学的延伸物，不可避免地带有社会价值逻辑论的内在特性：个体生命间的共在性。

人与人的私权共在这个资本经济时代关于人的规定性，在权力政治时代则从属于人与人的权力共在。相反，资本经济时代的权力共在，主要体现为人与人在物质财富上的认可和阻止两方面的权力。换言之，权力政治时代的权力共在在资本经济时代以私权共在为前景，抽象的政治权力在此具体化为对物质财富的占有权。因此，社会经济学只有在资本经济时代才获得了现实的社会基础。

在把私权共在设定为经济学的基本价值逻辑的同时，必然面临所谓的公权问题。在现象上，公权是一种公有权力，但这种公有权力的主体最终以一个社会集团中的个体生命为代表。否则，由权力所内含的人与人的关系就无从体现。在根本上，公权乃是一种公有化的私权，是一部分人对另一部分人的私权垄断的结果。权力垄断者以公有化的名义，将现实社会中的个别共在者对物质财富的私权中的阻止能力加以剥夺，使之完全沦为认可能力。这样，本来属于私权共在的问题，转化为权力政治时代中的社会暴力问题。谁掌握了政治权力，谁就有权将共在私权公有化从而剥夺部分共在者的私权。这些被剥夺的共在者，不但在社会生活中丧失了对物质财富的占有权，而且在政治生活中处于被支配地位。其内在的共在权力已不再具备阻止能力而只有认可能力。公权社会在此意义上等同于极权社会，其价值逻辑不是建立在社会平权而是在社会暴力的基础上。在公权社会出现对私权主体的迫害，其原因在于私权主体不再是一个权力共在者。他无权阻止权力垄断者对自己的生命财产和政治权力的剥夺。

作为社会财富论的经济学

社会经济学不像社会政治学那样，一般地探究人与人的权力共在关系。它侧重于探究人与人之间在物质财富上如何共在的权力问题，即私权共在问题。正如人的生活永远是社会性的一样，他的肉体生命及其物化财富也带有社会性。但是，如何护守这种社会性，构成社会经济学的核心问题。这样，经济学只是关于社会财富如何共在的理论。作为社会财富论的经济学，将对社会财富的持存提出基本的可能性——私权共在。

什么是私权

在本源论上，私权是权力的物化形式，无论这种形式是指权力共在者的肉体生命还是肉体生命的创造物。私权，首先意味着个体生命对自己的肉体生命的占有权，其次才是对肉体生命的物化形式的占有权。个体生命，向共在者全体自我认可自己对其肉身的支配权，同时阻止他人对自己的支配。同样，由于拥有对肉身的私权，个体生命才对其物化财富享有私权。没有自由支配自己肉体生命的权力，个体生命哪有对其物化财富的支配权？而绝对的支配权，又以绝对的私权为前提。

私权直接展示的，是个体生命对肉身及其物化财富的占有权。但是，这种展示所面临的对象，不是那被占有的肉身和其物化财富，而是个体生命外的共在者。私权所表达的社会共在关系，实质上是人与人之间在财富上的相互制约关系。私权共在，宣告了个体生命的共在，同时还有个体生命的物化财富的共在。私权所有人在认可自己对自己的肉身支配权时，也把他人置于被阻止的地位，他人被阻止支配自己的肉身。同样，私权所有人对社会财富的支配，以其肉身的物化创造物为基准。如果他在未创造物化财富的情况下占有他人的物化财富，这就是剥削；如果他阻止他人占有自己的物化财富，他对自己肉身的认可也不再有依据。

私权向私权所有人认可了他对肉身及其物化财富的占有，也阻止他人对这种认可的否定。即使有人自我放弃了私权，这种放弃也以他对自己的肉身的认可为前提，否则，放弃者便没有放弃的对象。私权放弃者，以否定的方式迫使他人对自己的肉身及其物化财富的认可，同时阻止他人的剥削。

个体生命对自己肉身的支配权，这是私权的第一层涵义；他对肉身的物化财富的支配权，为其第二层涵义。不过，只要个体生命要看守自己的私权，他就得承认他人的私权。换言之，私权的成立，取决于共在者全体的相互共在。无论私权的自我放弃和被剥夺，它们都是共在者全体不再能够共在的表象。

普遍私权与个别私权

私权作为权力的物化形式，表明经济学与政治学在事实上的相关性。在现实的经济生活里，虽然个体生命拥有的私权都为个别私权，但在共在者全体之上还必须有普遍私权的存在。私权共在的现实方式，是普遍私权与个别私权的共在和个别私权间的共在。

　　个别私权的总和，还是个别性的私权。其个别性，并不因为私权量的增长而突变为普遍性。况且，个别私权本身，也是从普遍私权那里才拥有了普遍的个别性。普遍私权认可个别私权的个别性，同时阻止其他个别私权剥夺任何个体生命的私权个别性。个别私权仅仅在普遍私权的承诺里，才得到普遍的个别性的规定；也仅仅在普遍私权的看顾下，个别私权才自我阻止向其他个别私权的僭越。

　　另一方面，普遍私权，通过承诺个别私权的个别性阻止个别私权向自身的过渡。既然个体生命是有限的，那么，他的个别私权——他对社会财富的自由支配权——也是一种有限权力。这种有限私权本身，只有相对它的所有者才是绝对自由的。相反，即使他借助垄断他人的个别私权并以私权量的增长来替代普遍私权，从而使自身和普遍私权不再拥有共在关系，但这种替代最终是一种假象。普遍私权的普遍性，源于它对共在者全体的个别私权的普遍承诺。任何来自个别私权自我僭越的伪普遍私权，都不具有如此的承诺能力。从个别私权普遍化而来的伪普遍私权，因其终极有限性而对共在者全体无效。

　　既然普遍私权的根源不在个别私权那里，那么，它来自何处呢？这种提问本身，已经排除了从任何个别私权寻找普遍私权的根源的可能性。但是，从价值逻辑论关于普遍权力的起源的言说中，我们将发现神圣者和普遍私权的相关性。从神圣者如何护守自己的神圣性的方式上，普遍私权得到了普遍性的保证。神圣者在将自己之言生成为肉身的事件里，一方面认可了言成的肉身同自身的关系，一方面阻止了个体生命之言成为肉身的可能性。神圣者占有着成为肉身的那一位，所以，祂又将言成的肉身生成为神圣之言，即自己之言的一部分。神圣者与自己之言成的肉身所构成的私权关系，为普遍私权的成立承诺了根本的前提。普遍私权，仅仅是在同个别私权相联系的意义上的神圣者对自己之言成肉身的私权的化身。从言成肉身和肉身成言的耶稣基督那里，我们看到普遍的神圣者如何达成了自己的绝对私权的普遍性。这种普遍性，阻止一切个别私权的所有者神圣化，同时自我认可又自我给与神圣者内在的位格关系。个别私权所有者的神圣化的被阻止，又是对普遍私权相对个别私权的绝对性的认可。这种普遍私权，在占有社会财富上对个别私权的认可和阻止的能力，在极权社会与经济暴力革命中表现为个别私权的神圣化倾向和它对普遍私权的僭越。

极权社会与经济革命的经济学，共同以否定私权共在为原则。对私权共在的否定，乃是极权统治者否定权力共在的一种经济学形式。极权统治者将自己的个别私权普遍化，并以这种普遍化的个别私权去剥夺他人的个别私权；那被剥夺个别私权的所有者，在其对自己肉体生命的支配权丧失后进而起来反抗极权统治者，并以剥夺他们的个别私权告终。就这样，经济极权社会和经济暴力革命陷于历史的循环中，只不过前者是自上而下、后者是自下而上的个别私权对个别私权的掠夺。两种社会现象遵循同样的价值逻辑：个别私权的神圣化或个别私权的普遍化的逻辑。所以，经济暴力革命后的社会，最终又是经济极权社会，个别私权的剥夺者和被剥夺者的位置颠倒了。

经济极权与经济暴力通过个别私权对普遍私权的僭越，否定个体生命间的私权共在关系。事实上，它们最初都是以个别人的私权的扩张为征兆。为了避免这样的结局，社会经济学还必须探究个别私权间的关系，阐明个别私权在何种意义上才能保守自己的个别性。

个别私权间的共在关系

经济极权与经济暴力的结果表明：个别私权的普遍化导致的是其个别性的沦丧。换言之，个别私权若要坚持自己的恒定个别性，必然要对其私权的有限性加以自觉。任何个别私权在受到普遍私权限制的同时，又得到其他个别私权的限制。普遍私权认可个别私权的个别性并阻止个别私权的普遍化，个别私权认可其他个别私权的个别性又阻止它们对自己个别性的剥夺。个别私权在承受普遍私权的承诺下，相互置于有限性的限定中。只有在这种限定里，个别私权的共在才得以维持。

私权共在的前提，是私权的有限性。这意味着：任何私权都是对社会物质财富的有限占有权；任何个别私权以认可其他个别私权的个别性为条件，又阻止其他个别私权对自身的剥夺；而为任何个别私权承诺其个别性的普遍私权的根据，在神圣者的位格应许里。普遍私权抗议经济极权和经济暴力的目的，既是对自己的普遍性的维护，又是对个别私权的个别性的确定。

私权共在和私权有限这些社会经济学的基本范畴，要求在社会经济生活中建立一种有限私权的经济制度。只有这种制度，才能从根本上消除经济极权和经济暴力，使社会财富成为共在者全体根据有限私权的原则得以共同被分享之物。

有限私权制

它在最低限度内保证个体生命对其肉身的自由支配权，即使在个体生命未将其肉身物化的情况下，他也占有自己的肉身，而且阻止他人对这种占有的占有；有限私权制，在最高限度内使个体生命对自己的肉身及其物化财富拥有支配权，但这种权力的边界是个体生命本身。换言之，个体生命，无权越过自己的肉身去支配他人的肉身及其物化财富。对他人的肉身与物化财富的认可，便是对他人侵犯自己的肉身与物化财富的阻止，这同时是对自己的私权的认可。个体生命以共在者的有限身份，捍卫着社会财富赖以持存的价值逻辑——有限私权共在的逻辑。

既然有限私权共在迫使私权所有人在社会财富的占有上必须处于共在者身份，那么，任何个体生命或个体化的集团，就不再享有绝对的无限私权，他或它无权自由占有一切社会财富，甚至成为有限私权的立法者。经济极权人，正是借助对私权的合法性立法又以公有化的名义吞并本来属于共在者全体的社会财富，其结果在政治生活中导致对个体生命存在的肆意践踏。因为，对社会财富这种肉身的物化形式的侵夺，在最低限度内是对肉身本身的侵夺，一旦社会财富在被侵夺完后，个体生命的肉身被侵夺的劫运将不可避免。

同样，基于个体生命在最低限度内拥有对自己肉身私权的理解，纵然个体生命丧失创造社会财富的能力即他无能自由进行肉身的物化活动，为了捍卫私权共在的基础——肉身共在，那样的个体生命依然应分享对社会财富的使用权。这就是社会要为一切人建立最低生活保障制度的依据。他在社会经济生活中所占的私权份额，仅仅限于他对自己肉身的支配权。不过，凡是能支配自己肉身的人，在程度不同上都有将自己的肉身物化为社会财富的能力。

社会法学

法学的社会性

社会法学当然是出自对法学的社会性的自觉。价值逻辑论，将法学纳入社会学的视界加以阐释，只因为它同伦理学、政治学、经济学一样是探究人与人关系的学问形态。单一个体生命对自身既提不出权力问题，更无所谓的法权诉求。当个体生命宣称他对其肉身具有合法的私权时，他是向其余个体生命暗示这种私权的合法性，即他在法律上的依据。无论个别法权还是普遍法权，最终展示的是人与人的法权关系。社会法学从普遍法权与个别法权以及个别法权间的关系中探究人与人的关系，这是法学在社会性上差别于政治学、经济学的地方。

政治权力、经济私权的依据，在法学所提供的法权承诺里。诚然，法权本身的根基何在，这即是普遍法权的起源问题。权力与私权的共在，以社会生活中人和人的法权共在为前提。极权社会与暴力革命，是部分人的法权与另一部分人的法权发生倾斜的结果。关于分享法权的条文，就是那个社会的法律。社会法学，并不具体追问个别社会法律的合法性，但它考察这种合法性的社会学基础：是什么标志着一个社会为法治社会。社会法学在学理上为政治权力的分化、经济私权的共在承诺可能性。社会的社会性得以延续，依靠个体生命全体的共在，因为社会正是这样的一个共在者全体。法学的社会性，在于从根本上为共在者全体的共在找到前提。如果一个社会在政治上未呈现出权力垄断现象、在经济上又使个体生命自由分享自己的有限私权，那么，这个社会在法律上就会把个体生命或由之形成的团体框入社会正义的结构内。相反，不管极权社会还是暴力革命，都以极权者的个别法权的神化或其有限法权被完全阻止（极权者失去权力的认可能力时便产生暴力革命）为充要条件。这样的社会，在法律上是不正义的。

作为社会正义论的法学

它旨在阐明人与人是通过什么方式分享法权以达成正义关系的。法律保证私权共在和个体生命的有限权力。在法学上，这两种权力不但关涉到人的肉体生命及其物化财富的领域，而且和人的精神生命相关联。社会法学与政治学、经济学的差别就在这里。能否合法分享自己的权力与社会财富，这在根本上属于精神领域的问题。社会正义论，要回答个体生命如何在法律上正当地共在于现实社会的难题。正义社会从现象上消除了极权统治和暴力革命的起因，在实质上指一切生活于其中的人能够借助法律捍卫自己的有限权力和有限私权，捍卫自己作为人而存在的文化权利。

社会法学把社会正义论设定为自己的基本内容，其核心范畴为法权共在。那么，什么是法权呢？

什么是法权

法权代表人与人在法律中的相互制约关系。这种权力，在权力政治时代具化为人与人之间的权力共在，在资本经济时代为私权共在。当然，极权统治与暴力革命期间不存在所谓的共在权，但它们只是人类历史中的特殊现象，不管这种现象持续的物理时间有多长。法权在精神文化时代，对象化为人与人在创造和分享文化时的权利。由于法权在不同时代有不同的化身，政治学的、经济学的研究，也间接涉及社会法学的领域。而且，权力政治时代和资本经济时代为社会法学的展开给出了丰富的现象资源。

个体生命借助法律守护自己在其中的法权，即利用法律承诺的权利捍卫自己的权利。正义的社会以正义法权为基础，正义法权指共在者全体在法律中共在的权利。任何个体生命在法律中，分享着他作为肉体生命生存的权利以及作为意识生命存在的权利，还有作为精神生命和他人在社会中共在的权利、作为文化生命在历史中与神圣者同在的权利（信仰权）。法律承诺个体生命并阻止任何个人或团体剥夺这些权利。正义的法律，因此意味着任何个体生命在法律中都拥有自己的有限权利，而且他的权利必须受到有限性的限定。法律通过自身的机关保证个体生命的有限法权的现时性，只要个体生命发现自己的有限法权受到他人的侵害，他就能够在法律机关的协助下恢复这些有限法权。

作为一种权力，法律所承诺的法权同样拥有权力的认可和阻止两种能力。和一般政治权力及经济私权不同的是，法权的认可与阻止，必须在正义法权的许可下即在法律范围内得到解决。况且，社会正义的前提，是政治权力及经济私权的社会性延续应基于正义法权的承诺而不是暴力革命或极权剥夺。当然，人类历史上政治权力和经济私权的延续，往往也是借助非正义的法律来实现的，但从中表现出的极权统治与暴力革命的轮回现象，从反面阐明这种以非正义法律实现社会的社会性延续的不可能性。换言之，正义法权在承诺共在者全体的共在前提下，才是正义的法权。要是一个社会的法律没有能力阻止个别人或集团的权利的无限化，这种法律承诺的法权就不是正义的。关于法权的正义性问题，使价值逻辑论的视点从什么是法权转移到普遍法权与个别法权的关系上。

普遍法权与个别法权

一个社会的法律，无非内含普遍法权与个别法权两个方面的规定。个别法权，既包括个体生命作为共在者全体中的成员的权利，也包含有限的个体生命在自由意志的促动下形成的共同法权。共同法权，虽然和个别法权有差别，但它还是一种个别法权，是个别法权在相互融合中生成的社会团体在法律中分享的权利。这把共同法权和普遍法权区别开来。前者依据于个别法权，后者因为承诺了个别法权因而又成为共同法权的承诺者。

普遍法权，指社会生活中的个体生命全体在法律中都有权分享个别法权的权利。个别法权不过是个体生命依据普遍法权的这一规定性在法律中占有的有限权利，如他的生存权、存在权、共在权（社会交往权如通信、迁居等）和同在权（如教育权、信仰权等）。普遍法权只要是普遍的法权，它就是相对共在者全体而不是以有限的共在者为指涉对象的权利；个别法权只要是个别的法权，其指涉对象就不能是共在者全体而是有限的共在者包括单一的个体生命本身。社会法学强调两种法权在指涉对象上的差别，其原因在于个体生命在社会生活中对此的自觉才构成正义社会赖以诞生的基石。

普遍法权认可个别法权的个别性，同时阻止个别法权对自身的僭越。从否定的意义上，一旦普遍法权不能保证个别法权的个别性时，这种普遍法权的普遍性就值得怀疑。个别法权僭越普遍法权的方式有两种：或借助个别法权的扩张，或个别法权间融合成共同法权以法权量的增长代替法权质的普遍性。个别法权扩张后，引出一个超越于共在者全体的存在者，这个存在者以扩张后的个别法权对其余个体生命的个别法权展开剥夺，向他们宣称自己的个别法权的神圣性即具有普遍法权的特点。事实上，共同法权僭越普遍法权时，也以共同法权体中的个别法权所有人的法权扩张为手段。这样的共同法权体，认为自己代表共在者全体的利益甚至包括人类的利益，并以此名义对那些反对这种伪称的个体生命的个别法权加以剥夺。极权统治者和暴力革命者，在法学上都是以共同法权代替普遍法权为其立法准则。而共同法权的个别性，使之在终极意义上又缺少普遍性，极权社会与暴力革命的轮回在法学上的原因由此显明出来。"只要一个现存的法律制度满足了人们的基本需要和要求，社会就会认为该制度是正义的，或者至少是合理得能让人们容忍。由于经济或社会条件的改变、技术的进步、政府管理上的失误、或统治阶层的堕落，对那种状况的一般满足可能会变为不满，并使人们普遍认为，现存的法律制度应当为一种能更好地符合人们的正义感的法律制度所替代。如果法律因其对必要的变革所具有的惰性或抵制力而不能逐渐适应新出现的情况或问题，那么一场社会危机或革命有时就会使法律制度发生一次实质性的改革，或使人们对法律制度进行一次大检查。"[42]

---

42 参见 E.博登海默:《法理学——法哲学及其方法》，邓正来、姬敬武译，北京：华夏出版社，1987 年，第 308-309 页。

　　普遍法权承诺个别法权，个别法权承受普遍法权。当共在者全体中的单一个体生命从法律中找不到自己的个别法权时，其共在的社会所赖以成立的普遍法权，显然就是普遍化的个别法权。相反，普遍法权在法律中保证共在者全体的利益，这样的普遍法权才永远是普遍的因而是正义的法权。

　　普遍法权的普遍性，决定了它相对个别法权的至上性。它并不自上而下地取消个别法权的个别性，但又阻止任何个别法权自下而上代替自身。凡是在人类历史上被代替的普遍法权，在终极意义上都只是以个别法权为规定性的共同法权。普遍法权，正面认可共在者全体的个别法权的个别性，从反面阻止个别法权的相互剥夺和向着自身而来的普遍化努力。它以此看守自己的普遍性。处于如此关系中的普遍法权，标明它的根源不在个别法权那里。

　　普遍法权的普遍性之根据何在？

　　从共同法权代替普遍法权的神圣性宣称中，价值逻辑论已发现普遍法权的终极本源，即那显明神圣性的神圣者的存在。为什么在代替普遍法权的时候共同法权要宣称自己的代替行为拥有神圣性呢？因为，只有神圣者才自我宣示出自己的普遍性并为以同在者全体为指涉对象的人类启示了祂的普遍性：无论活着的还是死去的，无论信徒还是不信的，也不管是选民还是外邦人，他们都因着言成肉身的耶稣和肉身成言的基督同在于神圣的上帝里。唯有神圣的和三位一体的上帝，才普遍承诺了个体生命全体中的个体生命以神圣不可侵犯的个别法权。神圣者应许普遍法权以普遍性，因为祂绝对认可普遍法权又绝对阻止任何个别法权在神化中的普遍化努力，因为祂把凡是来到这个世界上的个体生命都当作与自己同在的儿女，再承诺他们以个别法权保证他们的存在。

　　言成肉身和肉身成言的耶稣基督的上帝能够充当普遍法权的承诺者，还因为祂的自我认可与自我阻止能力。上帝在历史上的耶稣身上认可自己作为人子的存在，又在信仰的基督身上阻止了自己永远成为个别法权的所有人的可能性。言成肉身意味着普遍法权的个别化，肉身成言给与那来自普遍法权的个别法权以普遍性。这两个历史事件，都是在上帝而不是在人的参与下完成的。普遍法权的普遍性，取决于它的承诺者在法律上的自我认可与自我阻止能力，取决于承诺这种能力的神圣上帝对个别法权的持有者——在历史中的同在者全体的承诺。正因为普遍法权的这种神圣根源，个别法权普遍化为普遍法权的现象才成为非正义的。

从普遍法权的起源中，我们已看到法律在神圣者的承诺中的必要性。圣经以律法的形式把成肉身之言启示出来，其内在的原因就在这里。普遍法权作为一种法权样态，离不开它所依托的律法典章。而极权社会与暴力革命的参与者，宣称共同法权代替普遍法权的神圣性，从伪的方面暗示出普遍法权对神圣者的依赖。

个别法权间的共在关系

普遍法权，一方面在承诺个别法权的普遍性中，他方面在要求个别法权的相互共在中看守自己的普遍性。个别法权之所以是个别的，因为它从普遍法权领受的权力是有限的。这种有限的个别法权，认可其余个别法权的个别性，又阻止它们对自身的剥夺。不用说，个别法权间的相互制约关系，依然是以法律为手段展开的。共在者全体，在法律中给与个别法权以有限的权利。这种权利，降临在任何个体生命和由部分个体生命融合生成的团体身上。但是，对个别法权的所有人而言，牢记自己的个别性是其得以成立的必要条件。极权社会和暴力革命，不但使个别法权与普遍法权的共在不可能，而且从根本上否定个别法权间的相互共在。其参与者自视其个别法权为普遍法权，他们在否认普遍法权的承诺者中把自己推上了神圣者本身的宝座。这样，社会正义的实现，从社会法学的视点看离不开对普遍法权的神圣性和个别法权的个别性的神圣性的维护，因而也离不开共在者全体对能够持守其神圣性的神圣者的信仰。

个别法权间的共在，实际上是一种有限法权共在。法权的有限性，为法权共在给出前提。如前所言，个别法权既受到普遍法权的限定又接受其余个别法权的限定；普遍法权虽然是普遍的但不是无限的，因为它受到其承诺者的限定。这就是有限法权的内容。社会法学从法权共在的角度阐明法学的社会性的理由就在这里。而正义社会在法学上的依据，正是有限法权共在。个体生命能够在他所生存的社会中有限占有他在法律中的权利，这就是一个正义社会。

有限法权制

正义社会的法权制度，从社会法学所推出的是有限法权制。这种制度，承认个别法权的有限性和普遍法权对神圣者的依赖性。在现象上，有限法权制的指涉对象，是社会生活中的共在者全体，其中的个体生命在政治权力和经济私权的所有上处于终极有限的境地——不是他担任的政治职务和占有的财产是有限的，而是他的个别法权受到和他共在的人的限定。他无权充当普遍法权的承诺者身份。社会法学否定极权社会和暴力革命，因为它们依存于相同的法权原则，即个别法权的神化原则。

有限法权制，把个别法权还归个体生命本身，又将这种还归奠基于对普遍法权的神圣性之上。所以，由普遍法权承诺的个体生命的个别法权，才不可剥夺。从极权社会与暴力革命的轮回里，我们看到个别法权的剥夺者最终必然沦为了被剥夺者。"凡动刀的，必死在刀下。"[43]而一切有剥夺现象存在的社会，就是不正义的社会。正义社会，在法律中给与全体共在者以有限的个别法权。它通过有限法权共在，阻止极权社会与暴力革命的出现。向共在者全体展开社会法学的教化行动，是建立正义社会的必经之途。

总之，在极权社会里，根本不可能有极权者（有的表现为一个人，有的为一个有权阶层，有的两者兼而有之）作为个体生命和其他个体生命的共在，极权者这个个别存在者凌驾于所有共在者之上。而且，他们会宣称这种凌驾赋有神圣性的根据，所以，他们反对赋予人以神圣性的任何宗教，更反对信仰三一上帝本身的神圣性，进而把自己神化、圣化。

在文化上，极权统治者带有邪教、谎言的特征。邪教意味着：唯独我或者我们全部占有了宇宙的全部真理，唯有通过我或者我们，你们才能得救。你只能信仰我或者我们。谎言意味着：既然唯独我或者我们全部占有了宇宙的全部真理，那么，任何反对这信念的人都是在撒谎。而且，任何人不能说我或者我们这样的宣称是在撒谎。所有的教科书尤其是历史教科书都要据此修改，教育的目的不是引导学生发现真理，而是直接以宣传他们认为的真理本身为真理，因为宇宙的真理已经被他们全部掌握了；在经济上，他们垄断一切社会资源，再按照特权分配，依据和最高极权者在等级制度上的远近亲疏关系进行社会资源的分配。如果你要坚持充当反对者的角色，那么，通过所谓的法律手段剥夺你拥有任何权利的权力，直至剥夺你和你的家人的生存权与生命权。他们喜欢计划经济而厌恶真正的市场经济。因为，他们不仅要维护自己在经济权利上的垄断与特权地位，而且要在政治权力上通过暴力捍卫这种地位；在政治上，他们带有强权、恐怖组织的特征。强权意味着：唯独我或者我们才有垄断权力的权力，因而也有按照特权分配权力的权力。怎么

---

43 《马太福音》26：52。

保证这种权力垄断与权力分配呢？通过恐怖组织式的统治。在否定意义上，绝对消灭底层无权者任何暴力式的反抗；在肯定的意义上，其方式为：如果你的思想和我不一样，我就冷落你；如果你要公开反对我，我就让你禁言；如果你继续公开反对我，我就以法律的名义把你抓进监狱；如果你还不服，那就最后在肉体上消灭你，同时把你从历史中抹去。他们总是以战争思维来理解任何天灾、人祸，因为由战争思维启用的战时体制，直接就可以采取最后一种肉体消灭的方式，轻而易举地越过所谓的法律程序消灭任何反对他们的"敌人"。他们公开宣称法律只是强权统治的工具而不是为了维护社会正义。为此，他们在人生、社会、历史中坚持奴化教育，最后把一个极权者推选为唯一的"大奴隶主"，以便更好地维护其他小奴隶主的权利。不过，除这位大奴隶主外，其他所有的人包括部分特权拥有者在终极意义上都将可能沦为奴隶。因为，极权社会只允许一个奴隶主与其他奴隶的"共在"。总之，真正的极权社会，既以政治上的强权与恐怖、经济上的垄断与特权、文化上的邪教与谎言为理念，又以它们为统治术，通过在人世间实行"奴化"教育来维系。

第九章　历史价值逻辑

普遍价值的历史化

　　普遍价值临在于社会，使现时存在的人成为共在者全体中的一员，对社会中不在场的人而言，尽管普遍价值一度沐浴着他们，但对之不再拥有普遍性。而且，不同时代在场的人，在社会中不可能相遇。从普遍价值的内在要求和人的历史性上看，为了他们能够在历史中相遇，价值逻辑论必须有关于历史价值逻辑的言说。"如果说，从本质上看人是他许多同类中的一个，他基于其内在本质与他们一起处于空间和时间之中。那无非说：从人的历史的具体含义上讲，他是历史性的。"[1]其实，人作为其许多同类中的一员，他还是他的全体同类中的存在者。而全体存在者在场的场所，就离不开历史。人正是在历史性的意义上才将自己的个别性完全充分地展示出来。

　　同样，普遍价值这种人的普遍差别之言，也是借助历史才和普遍逻辑相对接。社会本身只能为人的言说价值给出有限的合法性，由社会中的共在者所生起的普遍价值，仅仅相对其共在者生效。社会变迁的事实表明：社会不可能为人言承诺普遍性的基础。相反，普遍价值必须在从历史时间所展开的时段中，在和同在者全体的交遇中，其普遍性才得以显明出来。普遍价值的历史化，就是个别人言在历史时间中的交遇。它最终积淀为普遍逻辑所启示之言。这种奠立于普遍逻辑的人言，因着历史的考验而获得了普遍性。

1　K.拉纳：《圣言的倾听者》，朱雁冰译，北京：生活·读书·新知三联书店，1994年，第151页。

社会价值逻辑的历史化形式

价值逻辑论将社会理解为共在者全体共在的场所，而历史正好构成共在者全体的全性的展开地方。从社会价值逻辑的自我达成方面看，它也必须在历史化的过程中其社会性才能彻底被凸现。当然，历史化的社会价值逻辑，已经不再将历史化的主体——个体生命——囿限于现时的共在者全体中，而是把这个体生命根植于历史中的同在者全体，使个体生命因其对同在性的占有进而占有了承诺这种同在性的存在本身的终极性。历史价值逻辑在价值逻辑论中分享独一的地位，其根据便在这里。

社会变迁所呈现出的社会有限性和精神生命在语言的对象化中对有限个体生命的超越，一同表明社会并不能成为个体生命的终极依托，社会价值逻辑，也不是价值逻辑实践其普遍性的最后场所。个体生命的社会性对历史性的需要，对应着他所背靠的社会价值逻辑对历史价值逻辑的依赖。

历史价值逻辑对社会价值逻辑的承受

人类所创造的文化精神传统，并不因为人类社会的变迁而被抛弃，它积淀于人类历史中。另一方面，意识生命体中的超我意识对自我的超越，不仅仅把个体生命的意识引向社会中的他人，而且以历史中的同在者全体为边界。在社会生活中成功的部分人，因为历史对其成功性的质疑而降格为历史的失败者，这正反映出历史价值逻辑对社会价值逻辑的制约关系。要是个体生命对自己的言行没有历史性的根据，历史便会拒绝接纳这样的个体生命。谁对历史不负责任，历史对他也没有责任。历史所承纳的，除了个体生命与人类生命共同拥有的在性外，就不再具有其他内容。换言之，历史是这样一个场所：它使作为共在者的个体生命与人类生命同在。当然，对那些背弃同在的人，他们的家是社会而非历史，他们的灵魂栖居于由无所着落的他人构成的社会中。

历史把文化心理与文化精神承受下来，所以，历史价值逻辑，就是这两种因素相遇的逻辑。它们如何在历史中相遇，构成历史价值逻辑论的内容。

第二十九节　文化生命同在的逻辑

文化阐释的两种视角

价值逻辑论从文化生命同在方面去展开历史价值逻辑，这是因为只有历史才为文化生命的同在提供了根本的可能性。个体生命在心理中的存在与在社会中的共在，其最终结果都融汇在人类历史中。人类历史接纳了个体生命，并给与它以同在性的规定。换言之，即使在社会生活中处于孤独境地的人，在他们死后也能在历史中相聚，甚至重新成为社会生活的焦点。历史的这种丰富性，恰恰由其参与者的非特定化的自由本性所承诺。生物人类学以此把人和动物相区别。动物主体与其世界客体的特定化，使动物只能意识到和自己相关的一部分世界。动物的感觉器官，只能允许那些有益于维持肉体生命体的东西通过，而不让它所不需要知道的任何东西通过。每种动物在整体上，只具有与它的生活本能需要相关的知识。世界对它们是支离破碎的。动物的行为图式，影响着它们感受世界的先验图式。对动物言，世界先验地被框定了，它依据自己的感受器来过滤外在世界，把那些同自己的肉体生命的生存延续本能相关的东西截留下来。所以，任何来自世界的刺激对动物将只是一个信号而非符号。相反，人的心理与精神却是非特定化的、开放的、生成性的。他从零开始成长吸收。他要依据自己的反思独立决定他的行为，决定自己应如何在世界上生活，选择自己的理想生活样式。人的认识把世界转移成符号，在其中寻求丰富的、充实的、全面的意义（这就是由符号语言构成的文化传统）。因此，对个体生命言，认识在本质上追求差异。人认识和自己的生命本能需要相关以及无关的东西。他为认识而认识，或者为明晰世界的图式而认识。因此，世界对人是中性的、全面的。人根据同根体验参与他人的生活，他不但使世界朝向他自己，而且也按照世界的动向重新调整自己。他进入一个新奇的领域并非出于对其效用价值的考虑。他认识一切事物，感觉一切事物，向一切事物开放自己的行为。[2]人和世界，处于一种互动关系中。

　　在人的心理生活与精神生活领域，一切都是按照自由的原则被创造，不存在任何固有的强制性规范。人在耕耘心灵中所生成的文化文本，和任何个体生命并不是处于外在的关系中。一个人在不能创造文化之前，它必然被他所置身的文化传统创造着。文化相对个体生命，它是其文化心理的生成活动——一方面是向内的人格生成，一方面是向外的精神品的生成；对人类生命言，它是文化精神的创造活动和由之而来的历史作品。所以，一切关于文

2　参见 M.兰德曼：《哲学人类学》，阎嘉译，贵阳：贵州人民出版社，1988 年，第210-223 页。

化的言谈，无非展开于文化心理与文化精神的两个维面。历史学所揭示的人类以往的文化心理与文化精神，正是人类赖以持存的前提。当然，片面强调历史中个体生命的文化心理与人类生命的文化精神传统的作用，都不能使历史学区别于心理学和社会学。[3]历史所承纳的个体生命的文化心理和人类生命的文化精神，两者处于相关的对话中。这种对话性，把历史同心理、社会两范畴相区别。因此，文化阐释在历史价值逻辑中，则是文化心理与文化精神的对话。它们处于双向互动的关系中。在人类历史上，个体生命的文化心理，在文化传统的生成过程中具有本源论的地位；而人类生命共同拥有的文化精神传统对个体生命的文化心理世界的形成，也有本源论的价值。离开任何一方，人就不可能把握人类的历史。在文化心理与文化精神的双向互动中，人藉着语言、言语、话语、文本、书写、阅读等要素把这种过程发展为现实。关于符号文化的讨论，不过是包括象征在内的语言与文化的关系问题的延伸。基于对历史、社会、心理的相关性理解，历史价值逻辑，将从文化动力学与文化结构论两方面，展开其价值逻辑主体——文化生命体——的特定内涵。

心理学从人的意识活动方面解明文化，社会学把文化理解为各种社会因素的互动过程。这两种阐释文化的不同视角表明：文化既与个体生命的意识活动又与他在社会中的精神活动相关。历史价值逻辑论，并不否认文化的心理性与社会性，并不像怀特的文化学那样只认为文化是文化传统对超有机体的个人的刺激与反应。这种文化学，更多地带有文明学的特征。其中，没有个体生命只有文化传统，没有精神只有对外在的超有机体的反应，没有良知只有对文化传统的无意识投射。怀特为了反对心理学的文化观而将文化建立在超心理的基础上，他为了超越社会学的文化观而将文化规定为自在的文化

---

3 卡西尔自觉到历史学与人类以往生活的关联，认为这种关联的基础是历史学家对有关人类生活的文献遗迹符号的解读。他对伟大的历史学家的个人经验——他的文化心理在阐释历史中的功用及他们以归溯任何单纯事实的创造性活力为使命——的强调，使其呈现出对文化的心理学阐释倾向。另一方面，文化人类学家怀特则侧重于从文化传统阐释文化。他主张文化是一个自在连续的超有机体因素的流程，个人被置身于文化之外，精神不过是对人类符号文化传统刺激的反应。"不仅任何给定的思想体系是以往经验的产物，而且某些观念还不可避免地引向新的概念和新的体系。任何工具、机械、信仰、哲学、习俗和制度，都不过是以往文化特质的成果。"怀特的这种文化阐释，明显忽视了文化的心理因素对于人类文化发展的作用。L.A.怀特：《文化的科学》，济南：山东人民出版社，1988年，第284页。另参见恩斯特·卡西尔：《人论》，甘阳译，第217-262页关于"历史"的讨论，上海：上海译文出版社，1986年。

传统。其实，这并不可能抹去文化的心理性及其社会性。他把个体生命从生理的、心理的因素中解放出来将其置于超有机体的文化因素中，但这种文化是一种传统，一种先于个人而既定的、自在的工具、信念、习俗等相互作用的流程。个人的功用停留于表现、反应超生物学的文化因素，其创造性的可能性不复存在。怀特由于侧重于文化的历史传统，因而忽视个体生命在文化进程中的特殊功能。他不从心理的角度阐释文化，反驳社会学家对文化的社会学解释，但他把文化学看成是社会学的必然推进。[4]这样的文化学，呈现出文化结构论而非文化动力学的特点。

文化动力学

它探明文化的起源及其方式。

泰勒说文化指包括知识、信仰、艺术、道德、法律、习俗、人作为社会成员拥有的任何能力与习惯在内的全体，这是从文化结构论对文化做出的规定。换言之，文化在现实生活中所呈现出的样态，成为泰勒定义文化的出发点。文化结构论把文化当作一个静态系统来阐释它与人类行为的关系，但文化动力学解明的是文化的形成因、把文化限定为一个动态系统。不管怎样，在文化的创造过程中，个体生命的心理意识起了不可替代的作用，任何拒绝心理学的文化观的人，都不应忘记是他的心理因素促成他的这种选择。他意识到他在拒绝，更应意识到他所拒绝的意识正生成为文化的一部分。

不用说，文化的起源和人的存在相关。而人的存在，又是建立在他的肉体生命对物质自然的依赖基础上，并且同他人的存在一起构成共在关系。但人和动物的差别性以及作为与他人相差别的个体性，使之还面对着自己的自我。所以，人的存在，包括了他与自然、自我、社会、历史的四重关系。价值逻辑论在个别现成价值逻辑相的展开中讨论了人与自然的关系，在心理价值逻辑相中侧重于人与自我的关系，在社会价值逻辑相中把人与社会的关系当作论题加以言说，在这里的历史价值逻辑相中展开人与历史的关系。这种言说的结果，就是文化。所以，文化必然关涉到人与自然、人与自我、人与社会、人与历史的关系。正是文化实现了历史这四重关系的整合，它把价值逻辑论的研究带入历史价值逻辑相这个对象。

4　参见 L.A.怀特：《文化的科学》，沈原等译，济南：山东人民出版社，1986年，第119-181页。

如果暂时不考虑文化在语言方面的规定性，那么，文化动力学所理解的文化作为人的心灵耕耘的结果，就是自然的人化、社会的人生化、自我的人格化和历史的人文化[5]。

自然的人化

它包括外在自然与内在自然的人化。外在自然，指人类生命共同面对的物质自然界、自然生命界和肉体生命界，也就是现成性价值逻辑所关涉的对象。内在自然，指人类中的个体共同拥有的肉体生命，它构成一切生成性价值逻辑赖以成立的基础。

自然的人化前提，是人与自然的分离，不仅作为现成性价值逻辑主体的诸对象与人发生差别关系，而且人的肉体生命和他的意识生命也在人的心理中呈现出差别。外在自然的人化，把人的意识生命对象化到自然中去，使自然成为和人的生命相联的自然。同样，内在自然——人的肉体生命——的人化，也是将自己的意识生命实现于肉体生命的过程。哲学这种文化形态，就是以人的肉体与灵魂（作为意识生命的内核而在人的心理中）的差别为前提将人的意识生命作用于肉体生命的结果。科学，不用说是人对外在自然意识的产物。

自然的人化所产生的哲学与科学两种文化形态，标示出人和自然界中的物质自然体、自然生命体、肉体生命体的差别。这种差别，具体展示于人在自然的人化过程中所形成的政治组织、经济制度和作为他的人化工具的理性思维符号中。

人依循**主体性原理**达成自然的人化。他不但是自己的肉体生命的主体，而且是这肉体生命赖以生存的外在自然的主体。人对外在自然的认识，不过是人对自己的认识能力的验证，纯粹远离人的科学主义以作为客体的自然为目的，这违背文化生成的主体性原理。科学以人为目的，否则它就会丧失方向、成为人的异己力量。但是，这种文化的主体性原理，并不会导致在自然面前的人类中心论。因为，强调在人与自然的关系中的人文向度的前提，是外在自然的在和内在自然（肉体生命体）的生存。学问形态上科学与哲学的关系，在科学中乃是外在自然与人的关系，在哲学中即内在自然（人的肉体

---

5 历史的人文化，一方面需要讨论人如何在自然的人化、社会的人生化、自我的人格化的活动中生成为历史中的人，另一方面需要思考人作为文化生命体如何在历史中生成为人。

生命）和他的意识生命的关系。哲学在价值逻辑论中升华为形上的精神样式，这为哲学承诺科学以人文性给出了可能性。

内在自然的人化，揭示出人在面对自己的肉体生命时的主体性地位。非人化的肉体生命，即生理价值逻辑中动物的肉体生命，但人和动物的差别性，迫使人对自己的肉体生命加以人化，使肉体生命的生存不再构成人的生活目标。这样，人对自己的肉身的意识，带出作为意识者的意识生命与肉体生命的差别。人正是从这里开始了对肉体生命的人化历程。至于在人的超我意识中生起的各种精神样式，更是人自觉人化自己的肉身的结果。

社会的人生化

同样，作为社会人生化的文化，也包括外在社会——各种社会性的团体如国家、社团、家庭——的人生化和内在社会即人的心理感受的人生化。

文化不但是人的意识临在于自然而生成的科学与哲学两大体系，而且是个体生命将自己的意识临在于外在社会所生成的社会学（或作为学问形态的伦理，它区别于狭义的社会伦理学）和他对自己的心理感受的艺术表达。任何由个体生命组成的社团，如果不能为个体生命带来比他独立存在时更多的发展可能性，这样的社团便没有存在的根据。甚至如果有的社团剥夺其成员的发展可能性，它就和他们处于一种异己的关系中。其实，任何社团在组成的当初，都在一定程度上应许它的参加者人生化的涵义，只是当其中的成员彼此不再接受共在性规定的时候，该社团便背弃了当初的承诺。

个体生命要在他人面前实现社会的人生化，他就必须独立选择自己的人生追求。他如何做出这种选择呢？他更多地依据自己的心理感受。这种感受，来源于他对自己的爱感图景的体验。艺术家把这种关于性爱、亲爱、情爱、友爱、圣爱的体验呈现于形式中，伦理家则将之观念化为他的社会伦理学体系。由艺术与伦理构成的感性文化，正同社会的人生化相关。伦理爱感和艺术形式的丰富性，取决于它们的主体作为个体生命的人生化努力程度。个体生命的人生化，又依照个体性原理。伦理与艺术，不过是实现文化的个体性原理的两种文化形态。

文化的个体性原理，以人与社会的关系为问题域。在自然面前，人不存在所谓的个体性。因为，个体生命所认识的自然和构成这种认识的基础的肉体生命，都是同一性的而非差异性的个体。

社会的人生化内含的**个体性原理**意味着：个体的人在外在社会中，是作为特殊的这个而存在的，他的意识生命的存在与精神生命的共在，构成他所在场的社会的目的。个体生命选择一个理想的社会，为的是给自己的个体生命带来更大的发展可能性。社会无权教导个人干什么，如果这种教导不利于他的发展。整体的社会应以维护个体生命间的共在为目的，而个体生命间的共在，又是为了他们的存在的丰富性。只要个体在整体的社会中没有感受到他的生命力的更多实现，他就有权远离那样的整体。假如整体强制个体留在自己中，这样的整体便沦为个体的异己力量。

内在社会的人生化，即个体生命的心理感受的人生化。这种人生化的独特心理感受，成为个体生命间相互共在的依据。共在者在共在中，以自己的独一的存在性同他人共在。个体生命对其存在性的渴求，把他的心理感受升华为精神生命。共在于社会中的精神生命，不过是表现出来的、外化的意识生命。

文化的个体性原理，并不必然带来文化的个人中心论。因为，个体生命的前提是他和其余个体生命间的共在，而共在者只有在共在中才具有自己的共在性。相反，只有在社会暴力信仰中，个人中心论才有它的社会性基础。其温床乃是极权统治与暴力革命循环构成的历史。另外，社会的人生化，也使纯粹伦理主义不再有效。因为，社会伦理并不是为自身而是为个体生命的存在而被预设出来。一旦一种伦理观成为扼杀个体生命的工具的时候，它被维护的依据就没有了。

个体性原理，要求以个体为本位。只要这样的个体是以个体生命的方式存在，他就必然与他人共在。个体生命在同他人的共在中显明自己的个体性。相反，无论极权统治者还是暴力革命者，他们既不承认他人的个体性，又否定自己在共在者全体中的个体性身份，进而使自己超越于共在者全体之上。远离共在者全体的个体不过是虚无，所以，极权统治者与暴力革命者，在相互吞灭对方的个体性中将被对方吞灭。

自我的人格化

自然的人化，以人与自然、主体与客体的关系为问题域，并在两者间指明了它们的价值向度；社会的人生化研究人与社会、个体与整体的关系，人根据自己的作为和动物的差别需要改造他所共在的社会，他独立的心理感受生成为整体的爱感图景的内容。社会的目的，在于保障个体生命的共在；自我的人格化把人与自身、我体与自体的关系纳入自己的研究视域。在人出生的时候，作为肉体生命的自体并没有能够同他人相差别的我性。换言之，这个肉体生命的自体没有任何关于自己的规定性。随着人的社会共在行为的发生，自体从肉体生命体中生起意识生命体，又从意识生命体中生起他的精神生命体；于是，自体的自我性呈现出来生成为我体生命。而我体生命的我，就是人的人格。自我的人格化，指人的自我人格的生成过程，或曰人从同一性的肉体生命生成为差别性的意识生命、精神生命的过程。

个体生命在共在行为中所面对的他人的自我，就是他的外在自我。如何使外在自我内化为自己的我体，这关涉到外在自我的人格化问题。我在同他人的共在中意识到我赖以同他人共在的在性、我的差别性，逐渐积淀为我的我性。我在现在中聆听的他人的过去、未来，成为我的人格力量的一部分，但最重要的是在我的存在中生起和他人的过去、未来的差别，生起仅仅属于我自己的、特定的过去与未来。我在此显明我的存在，即我的此在。这此在的唯一性，以共在者全体为指涉对象，即以承诺共在者全体的全性的彼在为参照。彼在向我而来，我的此在向彼而去。我的此在与彼在彼此往来，我的我性由此得以显明。被显明的我性，即我的我体，它指引着我的意识活动、我的精神走向和我的文化身份。

人的外在自我的人格化，意味着彼在与此在的往来；他的内在自我的人格化，指他的过去、未来向以现在为基点的此在而来。我凭着从彼在获得的力量，将我从过去的回忆、未来的幻想中拯救到现在之中，使我在此展开生命理智的思、生命情感的爱和生命意志的为。我体就诞生于我的这些生命活动中。我在我所思、所爱、所为的对象里栖居，融化于我的人格。这样，我体人格，不但是我以主体的方式向自然表明的我的存在，而且是我以个体的方式向他人显明的共在，还是我以我的方式——我体——向那主宰我一切的同在者的同在。只有把我体植根于绝对的同在者，我和一切同在者即在历史中的共在者全体的同在才有终极根据，我的此在才成为绝对的我在此。

如果说外在自我的人格化是将他人的此在内化为我的此在，那么，内在自我的人格化，则是把我的过去、未来的此在临在于我的现在里。我在现在中所生起的那个恒定的我体，即我的此在，又是我在此承受的在上的彼在。自我的人格化，最终是要为我的人生奠立绝对的根据、绝对的我体。文化在此显明了它在被创造过程中的我体性原理，它是共在者全体的我体的集合，同时将自然的肉体生命生成为具有绝对差别性的**我体生命**。

在我体生命中，其核心是我的信仰，或曰我对彼在的态度。哲学家的原初观念、科学家的原初概念、艺术家的原初形式、伦理家的原初人格、宗教家的原初信仰、审美家的原初直觉，无不是建立在他们对之的信仰基础上。我体生命所相信的，就是我所献身的价值所在，我存在的家。

自我的人格化所依循的**我体性原理**，要求在我的生命历程中以此在为本位。自我由我体与自体两部分构成。以肉体生命为内容的自体，在其生存中获得的我性充实为我体。从人生看，自体在人的过去未来中留住其自己性，这乃是人的彼在。但是，实现人的彼在，不是人存在的目的，正如回忆过去和幻想未来不是人在时间中生存的目的一样。人总是在现在的此在中选择他的时空和行动。当然，在终极意义上，这种选择以超越于共在者全体之上的彼在的现实化为依托。人只有在此在中体验他的此在。过去的回忆与未来的幻想，都服务于我在现在中的此在存在。人能够依恋过去，但不是回忆带来了依恋，而是他的我在其过去的岁月中注入了此在，他的生命当时在此；未来在幻想中给与人以快乐，只因为人的自我在此作工。过去、未来，都因为现在中的此在而永恒。没有我在此的思、爱、为，我的过去、未来便是空无。婚姻生活中的此在本位，正是对婚前恋爱幸福的回忆和婚后恋爱甜蜜的设想的回避，恋爱双方必须正视他们当下的此在生活。

和此在相对应的彼在，不但活动于以现在为时间本源的过去与未来里，而且以此在之上的终极存在为关联空间。因此，彼在就是此在之上的存在。我体生命在此承受在上的存在本源，宗教信仰和审美直觉，便是我体生命承受在上的彼在而形成的两种文化行为。由此构成宗教与美学两样文化形态，即同人的生命意志相关联的意性文化。

由我体性原理确立的人格此在本位，使我体生命在时间历史论上得到了现实性，以免让我远离时间中的现在向过去与未来沉沦；并且，此在之上的彼在，也照耀着我体生命的升华。

文化动力学，主要探究心理文化生命体的形成方式。价值逻辑论从自然的人化、社会的人生化、自我的人格化展开这种方式。它们分别对应于人的客体化存在本源中的生命理智、生命情感和生命意志。由人的存在本源分别临在于自然、社会、自我就产生出心理文化生命体，这即是主体性、个体性、我体性三种意识融合成的心理意识生命体。

文化的结构论定义

当从结构论来考察文化的时候，我们会遇到文化的超心理因素。"文化在人们降生之前就已存在，在人们出世之后，又把他们导入于其中，并从这时起就规定着他们行为的形式与内容。"[6]但这并不意味着在文化动力学涵义上有如下的结论："在任何既定时期中，任何民族的文化都是先前文化力量的产物，而且只能依据文化本身加以说明。"[7]其实，不仅在文化被创造过程中有个人心理因素的介入，而且在其传承中也必须有个人心理的作用。

在研究文化的时候，不能只看到文化所呈现出的结构对置身其中的个体生命的成长的价值，还应关注个体生命如何吸纳该结构的问题。文化在结构论的意义上属于超心理现象（尽管其中积淀着心理因素），但在动力学的意义上为一种心理现象。离开文化的心理性便无法解明文化的起源，正如无视文化的精神性不能揭示文化的结构一样。

在描述文化的主要特征的时候，尼布尔认为文化总是社会性的。"个人可以按照他们自己的方式使用文化；他们改变在他们文化里的诸要素，但他们所使用和改变的依然是社会性的。文化是他们接受和传承的社会遗产。"[8]不过，文化所拥有的社会性和作为社会学对象的社会性在范围上完全不同，因为尽管前者以后者为基础但却带有历史性的规定。这样，由精神生命体的显现所带出的社会共在已经进入了历史领域，其标志便是文化的诞生。精神生命体，由此升华为精神文化生命体。这种生命体，不但同社会时间中的共在者全体相关，而且属于历史时间中的同在者全体的共同遗产。人类历史上的任何个体生命，既是他所置身的文化的创造物，又是该文化的创造者。

精神文化生命体，借助广义的文本中介（人化的物品），构成与人类同在的文化传统。任何文化传统，都必须经过个体生命的承受和承诺两种活动得以留存。一般来说，在以肉体生命为存在方式的个体生命那里，他们只有对文化传统的承受；在以精神生命为存在方式的个体生命那里，他们侧重于对文化传统的承诺。但对单一的个体生命言，当其献身于肉身时他就只关怀文化传统的承受，这犹如他承受自己与生俱来的肉身一样；当其以精神生命

6　L.A.怀特:《文化的科学》，沈原等译，济南:山东人民出版社，1986 年，第 79 页。

7　L.A.怀特:《文化的科学》，沈原等译，济南:山东人民出版社，1986 年，第 78 页。

8　H.Richard Niebuhr, *Christ and Culfure*, New York : Harper&Row Publishers, 1951, p.33.

为人生价值指向时，他就更重视自己对先前文化传统的承诺。只要在社会生活中以个体为本位，个体生命当然要在继承文化传统中承诺且丰富这种传统。在他生成自己的个体性之前，他又必须承受先前的文化传统。所以，文化的继承与创新，只有在扼杀个体生命的极权社会里才是一个问题。极权社会无视文化的创新，因为那创新的文化传统所背靠的个体生命和极权统治者的绝对个体性身份形成对抗关系，因而也就在根本上动摇了极权统治的基础。

从文化动力学与文化结构论两方面看，文化实质上包括了心理性和精神性。价值逻辑论将之称为文化的隐结构。文化的心理因素承诺了个体生命的存在方式，其精神因素承诺他们的共在方式。价值逻辑论对心理与社会两相价值逻辑的探究，既构成文化传统的一部分，又是为在历史价值逻辑中展开文化生命体做出的预备工作。文化传统，始终是心理文化生命体（文化中的心理部分）与精神文化生命体（文化中的精神部分）相遇的历史。一方面是个体生命的文化心理和超心理的文化传统的相遇，另一方面是文化传统内部中文化心理因素与文化精神因素的相遇。

文化的显结构，指人类历史中文化传统所呈现出来的文化类型。根据人的主体化与客体化两种存在本源相互作用的方式，可以将文化的显结构分为理性文化、感性文化、意性文化。每种类型又分别包括一种学问形态和一种精神样式，即科学与形上属于理性文化，伦理与艺术属于感性文化，美学与宗教归入意性文化。但是，每种文化类型里又含有其他类型的特点，如理性文化中有感性与意性的因素、感性文化中有理性与意性的因素，意性文化中有理性与感性的因素。

理性文化，在人的意识生命体中以生命理智的我思为前景，生命情感的我爱、生命意志的我为后景置入其中，在结构上呈现为概念知识体系与观念思想体系。感性文化，以生命情感的我爱为前景开出在人的意识生命体中，其他存在本源为后景置入的对象，在结构上为伦理道德体系与艺术形式体系。意性文化，前景开出的是生命意志的我为，生命理智的我思、生命情感的我爱后景置入在意识生命体中，其结构样态为审美直觉体系与宗教信仰体系。前景开出与后景置入，出现在个体生命创造和接受不同文化类型的过程中，这两种能力同样是个体生命的文化生成力。

人类文化与民族文化

文化的显结构与文化的隐结构，通过个体生命间的交流使原本封闭的民族文化相遇，形成为开放的人类文化。民族文化的封闭性，指一个民族的文化心理与文化精神只对其成员发生效力，进而形成一种文化民族主义观；人类文化的开放性，指个体生命的文化心理与文化精神以人类中的其他个体生命为空间。当人类从资本经济时代向精神文化时代过渡时，民族文化彼此相遇，人类文化处于生成状态中。这就是全球化的真正实质。那种以封闭的心态迎接这个时代的个体生命，注定不可能成为人类文化的创造者。在各种民族文化的相遇中，个别民族封闭的文化心理和文化精神，不再是文化的根基和创造力的源点，因为，这样的根基和源点所生产出的文化，依然是民族的而非人类的，甚至有可能是反人类的，即反普世价值的。相反，个体生命的根基和源点，在超越于他的自我意识的在上存在那里。这存在之光，越过民族的疆界、普照于人类中的任何个体生命。所以，在人类文化的生成过程中，个体生命丧失的是其民族性，得到的却是以人类为背景的最为丰富的个体性。当全世界都完成了资本经济时代的使命时，民族文化将成为个体生命回忆的对象。它对个体生命和人类生命的存在，其价值只是历史性的而非现实性的。因为，民族文化的相遇，最终带来的是个体生命间越过种族偏见后的相互接纳和在人类文化中的同在。

文化生命体

从关于文化的动力学与结构论的定义中，我们发现仅仅从心理学或社会学的视点都无法展开文化的内涵。正是之前基于对这种局限性的自觉，价值逻辑论，才在生成性价值逻辑相中转入对历史价值逻辑的研究。因为，只有在历史中，文化的心理性与精神性才融合成文化生命体。这种生命体的生成，依赖于个体生命的心理意识和他们在社会共在中所产生的精神生命。人选择文化生命体的存在方式，这要求他以文化的方式在历史中同在。文化与历史的关系，在此表现为个体生命的文化心理与人类生命的文化精神之间的关系。

事实上，人类历史也只留住了那些创造过文化的人，因为历史的最终目的，是把人类带入精神文化时代。作为人类未来的精神文化时代，当然以那些为人类文化做出贡献的人为留住对象。

在历史价值逻辑中，其在场者是以文化生命体为存在方式的个体生命。这样的生命个体，把对文化的创造和吸纳当作自己的人生使命，他耕耘自己的心灵，并观照那些耕耘过自己心灵的人，无论他们活着还是死去，他们都是自己生活的同伴。当个体生命以文化生命体为其存在方式的时候，他的意识与精神和人类历史中任何个体生命的意识与精神将处于交流状态。他向人类开放自己的意识生活与精神生活，他不但关注那些与自己共在的同时代人，而且关怀一切在人类历史上出现过的人的命运，纵然这种关怀的对象始终是有限的，但他拥有这种关怀意向才最为重要。标明个体生命是否生起文化生命体的存在方式，取决于他对人类文化传统是开放或封闭的心理态度：凡是向一切人开放自己的意识生活与精神生活的人，他就是以文化生命体为存在方式的个体生命；凡是向人类历史开放的人，人类历史也向他开放进而接纳他为历史的同在者。

文化生命体在场的场所，是历史而非社会，更不是个人在心理时间中的有限的意识世界。社会只是那些同时在场的人共在的场所，心理是意识生命体存在的场所，历史把存在过的意识生命体与共在过的精神生命体按照它们所内含的普遍人性或反普遍人性的程度接纳下来。[9]由于文化生命体的生成性，所以，它所在场的场所——历史——也是一个生成性的范畴。从来没有所谓等待着人进入的历史，只有一个在同个体生命发生关联的历史。因此，构成事实历史学研究对象的历史事实，并不是历史本身。历史事实通过心理文化生命体与精神文化生命体，活在个体生命的意识中和个体生命之间的共在行为中。只要历史价值逻辑主体——文化生命体——还处于生成状态，历史也就还未结束。价值逻辑论的历史，即一切出现在从创世到终末的文化生命体全体的同在历程。

不同的价值逻辑主体有不同的在场方式。同在正是历史价值逻辑主体所选择的在场方式。人作为文化生命体与谁同在呢？当然，他首先是同人类历史上的个体生命全体同在。换言之，作为存在者的个体生命在结束其社会共在行为后进入了他的同类中，他们以文化生命体的方式和其他个体生命同在。这样，人类生命就是指同在者全体。

同在者全体彼此同在，只因为他们拥有共同的人性基础和人性内涵。历史中的任何个体生命，谁也不愿意同非人性的对象同在。按照笔者对人性的

9　历史也接纳了那些"遗臭万年"的人。

中间性的理解，人性的基础和内涵，在根本上与耶稣基督的上帝的神圣性相关，人性内部少不了神圣性的一维。若去掉这一维，人性中就只有动物性，这样的人性观实质上带来的是人性的毁灭和强权的暴政。相反，即使要实现社会共在，个体生命也离不开神圣性，何况同在者全体的共同性呢？难怪那宣告上帝和我们永远同在的基督信仰把历史描述为上帝与人类的相互作为？[10]因为在耶稣基督里，"不分犹太人，希腊人，自主的，为奴的，或男或女"[11]都合而为一，共同承受着上帝与我们同在的应许。我们和上帝共同分享对方的存在，其中介和现实的保证，乃是历史的耶稣与信仰的基督。这里，和上帝同在的"我们"，包括从创世到终末历史上的一切人。他和上帝必然地相关，因为"人只有找到和证实比他自己高级的本源时，他才能找到和证实自己的真正人性——把他同动物区别开来的东西"。[12]这里的"我们"，就是那个"按着我们的形象，按着我们的样式"[13]被创造的"我们"，即作为具有上帝的形象与样式的人类。上帝作为人的本源，中间隔着的耶稣基督使人能够现实地接纳这种本源的承诺。这样，上帝与我们同在，就是上帝在死而复活的耶稣基督里和我们同在。根据怀特海的说法，"上帝是'那位伟大的同伴——同受苦难者，祂了解我们。'上帝知道我们，上帝与我们同行，上帝与我们一同受苦，上帝与我们同乐，上帝了解我们。因此我们的生命对祂永远是当下的"。[14]基督教的内在论观念，就是对此最恰当的阐明："至于'道成肉身'，作为上帝对人的'特殊启示'，更是表明上帝进入自然、进入社会、进入历史的一项综合性教义。它以最为显明、最为具体的方式，用上帝或'道'成为一个自然的活生生的肉体、一个生活在社会中的人、一个接受任

---

10 关于历史、上帝和文化的关系，尼布尔这样写道："对于排他的基督徒（这些人认为基督是反文化的——引者注），历史是教会或基督文化的兴盛与异端文明衰亡的历史；对于文化的基督徒，它是灵与自然相遇的历史；对于综合论者，它是在律法、理性、福音和教会之下为心灵与上帝的终极交通的预备阶段；对于二元论者，历史是信与不信的抗争时期，一个介于给与生命的应许和它的实现之间的时期；对于皈依者，历史是上帝大能的行为和人对之作出回应的过程。"H.Richard Niebuhr, *Christ and Culture,* New York : Harper&Row Publishers, 1951, pp.194-195.

11 《加拉太书》3：28。

12 转引自刘小枫主编：《20世纪西方宗教哲学文选》，上卷，上海：上海三联书店，1994年，第197页。

13 《创世记》1：26。

14 莫尔特曼：《来临中的上帝》，曾念粤译，上海：上海三联书店，2006年，第69页。

何实存者都必须接受的时空限制和历史条件的具体实存者的方式，最彻底地表达了这种内在论观念。"[15]

说到同在，我们就应当将文化生命体的同在和心理价值逻辑中的我体同在力相区别。如前所言，文化生命体的同在，指个体生命在文化中的彼此相遇，一方面包括那些在社会中共在的人，一方面还含有那些已经作古的人，只要他们在文化中有所作为，他们就属于文化生命体中的一部分，属于历史中的成员。我体同在力，指人作为个体生命内部隐含着的自我希望与历史中的他人同在的倾向，他在阅读历史作品中接纳他人，在书写历史性本文中进入他人的世界。至于自我能否构成文化生命体的同在因子，还取决于其中的我体是否和历史背后的终极同在者相关联。他向此的努力，却在他的心理意识的在上承受里。

人类界

文化生命体在历史中相遇，形成一个面向人类生命（同在者全体）开放的人类界。和作为共时性范畴的人间界的不同之处在于：人类界属于历时性范畴。人间界是仅仅在社会时间中彼此共在的人出入的空间，人类界却是在历史时间中彼此同在的人栖居的场所。这个场所的空间性，完全受制于个体生命对待人类的文化态度。凡是能够把一切敌人都当作朋友来对待的人，他才真正生活在人类中。因为，人类界包括一切从创世到终末的个体生命。他们来到历史中，就有权利存在下去、与他人共在，并受到终极同在者的保护。在此意义上，只有教导为诅咒的人祝福的基督信仰，才在根本上承诺了人类界成立的基础。基督信仰的普世性也在这里。

当然，人类界的形成，还缺少不了人的自由参与。自由的人，自己决定自己在历史中的价值。作为一种不确定，自由指人必须通过自己在文化上的努力把有限的人生兑换到历史的长河中；作为一种未完成，自由指自然还没有把人抛入一个完全的世界，他还有精神的、文化的一半必须让个体生命自己来完成。他用生命理智的我思择取，用生命情感的我爱感知，用生命意志的我为行动。上帝创造亚当后说："我们没有给你任何特定的形式，没有任何特定的遗产，以便你可能得到和拥有你希望作为装备的东西。我们已使一切别的造物服从于一定的律法，只有你完全不受约束，你能按你自己的意志

---

15 何光沪：《百川归海：走向全球宗教哲学》，北京：中国社会科学出版社，2008 年，第 115 页。

挑选你所决定的无论什么。为了你自己的名誉，你自己要成为自己的主人和建造者。你可能退化成动物，或者把你自己提升到像上帝一样的最高地位。"[16]个体生命从创造者领受的自由，既是他作为人的最高祝福，又是他在虚幻中背离其创造者的原因。不过，上帝在人心中播下自由的种子，但这种子毕竟是上帝给的。尽管人有背离上帝的自由，可这背离上帝的自由在本源上依存于上帝。人的宗教情感便产生于此。"神秘感、敬畏感、依赖感、无能感、卑微感、宗教迷狂与高扬感——所有这些都是人们用来指称那种对'神圣'的某些方面有所觉知的精神状态的标记。某些宗教突出的是这一种情感，而某些宗教突出的则是另一种情感。"[17]个人的宗教情感差异，因其对神性的敏感觉知程度而变化。

　　人可以利用自己的自由在承受由他人的自由意志作用下形成的文化传统中，创造自己的文化心理世界。这种人的自由心理与文化传统中的自由精神的往来，乃是人参与人类界的形成过程。只要还有人存在，该过程就不会完结。所以，人类界，不是一个事实性的完成场所，它同个体生命在此的参与和神圣存在者在彼的应许相关。他应许了个体生命在历史中不是虚无。以人类界为归宿的个体生命，并不将自己的存在价值限定于社会活动中，而是越过这种共在活动从超越于万民的存在者那里领受自己的存在光华，这乃是和动物性相区别的人类性。

人类性

　　人类性不同于和物性相区别的人性概念。物性、人性、神性是一组最一般意义上的范畴。人性，就是基于物性与神性的中间性。人类性，指人作为一个族类和其他族类的差别性。这种差别性，和过去、未来、现在的个体生命相关。因而，它是人性的理想规定性。在被造的意义上，人和动物是同一性的类；在能否自由承纳这种被造命运方面，两者是差别性的类。人凭着他的自我意识认信或拒信他的创造者，这就是相对一切个体生命而言的人类性。人的信仰自由的根据，就在这里。创造者和被造的人同在，人类性的内容从此而出。因为，只有在是否认信被神圣的上帝创造这点上，人作为一个类才

16　转引自 M.兰德曼：《哲学人类学》，阎嘉译，贵阳：贵州人民出版社，1988 年，第 231-232 页。

17　鲁道夫·奥托：《论"神圣"》，成穷、周邦宪译，成都：四川人民出版社，1995 年，英译者序第 7 页。

同动物相区别。人类性是上帝与个体生命全体的同在性。所以，单一个体生命之间也在和上帝的同在中彼此相互同在。他们同在于同一个上帝，就是那位永远不抛弃人的上帝。人的拒信只不过是人对上帝的同在的拒斥，但这并不能导致对上帝的同在的否定。[18]

在历史中同在

无论个体生命间的相互同在还是个体生命全体和在上的那一位的同在，其场所都是在历史中。个体生命的存在，离不开各种时间相；同样，神圣者的同在，也以历史上的耶稣为中保。作为文化生命体的个体生命在历史中同在，指他们对人类历史进程的共同参与。相反，凡是参与过历史的人，无论其在社会时间中被评价的结果是什么，历史都不会忘记他。这也是为什么历史人物在不同历史时期被反复评价的原因。"我们和正在死的人一起死去：看，他们逝去，我们随他们而去。／我们和死了的一起诞生：看，他们归来，他们带着我们。／玫瑰的时刻和杉树的时刻 同样持久。一个没有历史的民族无法从时间中得到拯救，因为历史是一个 无始无终之时刻的图案。"[19]

同在者

在历史中同在还有一层涵义：个体生命全体，除了在历史中就不再拥有同在的场所。因为，个体生命的有限性和人类社会的变迁，使只有与人同在的历史才能成为人同在的场所。个体生命，不但将自己献身于现时的社会共在活动，而且关怀一切在历史中出场的人的命运。这样，对文本的阅读及书写，乃是个体生命作为同在者的使命。完成了这种使命的人，将自己纳入同在者全体。他从此和人类不再分裂而是息息相关。即使其存在时间有限，他却与人类同在。

总之，人类界、人类性、在历史中同在这些范畴，和个体生命全体相关。文化生命体的人类性，表明人类的文化传统是属于全人类的遗产，任何个人与民族都无权强取甚至毁灭这个传统。他们只要把自己看成人类中的一位同在者，就有义务护守属于全人类的文化传统本身。

---

18 基督教的全部神学，其根本的问题就是籍着"以马内利的基督论"阐明上帝如何与人同在。

19 参见诗歌《四个四重奏》，T.S.艾略特：《四个四重奏：艾略特诗选》，裘小龙译，南京：译林出版社，2017年，第234-235页。

第三十节　历史价值逻辑的主观性

从价值逻辑的有限性到主观性

任何个别价值逻辑相都具有有限性的规定性，历史价值逻辑也不例外，但为什么价值逻辑论要用主观性代替有限性来言说历史价值逻辑呢？

如果考虑到在生成性价值逻辑相中的历史价值逻辑的特殊性，那么，用言说主观性代替其有限性就是理所当然的了。除了物理和历史两相价值逻辑外，其他诸相的有限性，表现在普遍价值在共时性上和前后每相价值逻辑在历时性上的限制。但是，这种限制在历史价值逻辑中，却只有来自在上的普遍价值一方面。在历时性上，社会价值逻辑已经内含于历史价值逻辑中，不再构成一种限定性的力量。

历史价值逻辑的主观性，指该相逻辑同人类生命有关联。这种相关性，不仅是在本源论上、而且是在其存在论上说的。从历史价值逻辑主体的产生看，个体生命全体按照其主观的意志创造了文化；从其存在结构看，文化生命体的生命在于个体生命全体的主观承受。当然，在心理的、社会的两相价值逻辑中，也呈现出不同程度的主观性。但是，只有在历史价值逻辑相中，主观性的指向才得以完全实现。因为，历史吸纳了人类生命中的全体。从主观性来理解历史价值逻辑，用伽达默尔的概念说就是效果历史意识。"该范畴不再从属于方法论和历史学的追问，而是从属于这种方法论的反思意识，它是被显明给历史和它的行为的意识，其方式为这种作用于我们的行为不可能是客观化的，因为它就是历史现象本身的一部分。"[20]的确，历史价值逻辑作为对历史的系统反思意识，其本身就属于历史的一部分。它所反思的对象和作为反思主体的个体生命，不是一种外在的、客观的，而是一种内在的、主观的关系。历史价值逻辑所说的历史，包括个体生命全体的视界融合。"哪里有一个场景，哪里就有能被收缩或被扩大的视界。……这概念指我们不再生活于封闭的诸视界里，也不是生活在唯一的视界里。"[21]历史不过是个体生命全体相互同在的视界，它在收缩或扩大，它取决于个体生命的主观行为。

---

20 Paul Ricoeur, *Hermeneutics and the Human Science*, Edited and translated by John B.Thompson, New York, 1981, p.61.

21 Ibid., p.62.

普遍价值对历史价值逻辑的限制

主观性虽然为历史价值逻辑的主要特性，但该相逻辑还有其有限性的一面。这种有限性，表现在它和普遍价值的关系上。普遍价值如何限定历史价值逻辑呢？难道历史价值逻辑的主观性就能使之摆脱有限性的规定么？难道以同在者全体为承纳对象的历史就不再使其价值逻辑拥有个别性的涵义么？所有这些反问，都以否定的方式得到回答。因为和同在者全体同在的对象，正是普遍价值的承诺者。在作为承受者的同在者全体和承诺者的普遍价值之间，永远存在着一条不可跨越的鸿沟。同在者全体在数量上的全性，并不能改变其在质量上的被承受地位。同在者全体，也只有在其作为承受者的身份中，才能分享到与自己同在的普遍价值。况且，文化动力学与文化结构论所显明的文化生命体，都离不开普遍价值和普遍逻辑的造就。在历史中同在的个体生命怎样生成为文化生命体，这完全是普遍价值看守的结果。普遍价值普遍地承诺历史中的同在者，使这种同在者的个别性成为普遍的个别性而不是相对其他同在者的个别性。正因为同在者的个别性有其普遍性的依据，他的同在者身份才是神圣不可剥夺的。

历史价值逻辑受普遍价值的限定，让同在者全体不至于忘记自己的承受者身份，僭越为普遍价值的承诺者。同时，同在者之间的相互同在，又获得普遍价值的保证。人言的普遍差别在历史中即历史逻辑[22]，这种差别出自人言，使历史逻辑最为普遍地同价值逻辑相关联，因而它们也是一种直接的相关联，或称为两者的直接相关性。人类历史所留存的人言，只有同普遍价值相联系的时候才能生成为历史逻辑的一部分。换言之，在历史中人物、事件的个别性，若无作为神言的差别性承诺，它就没有普遍的逻辑性。

历史逻辑即显明于历史中神言的差别性，价值逻辑即历史中人言的差别性。两种逻辑相关，通过文化生命的生存延续得以实现。文化传统中的精神生命体，自在地延续着历史的逻辑性。因为，精神的本源同人的肉体生命没有关系，它来自于历史之上神言的自我启示——圣灵的位格。上帝关于自身的三位一体的启示，这就是上帝关于自身的历史逻辑，而人作为灵、魂、体的三位一体乃是普遍价值这种差别性人言的依据。由人的差别之言构成的普遍价值，来源于人的意识生命体，当其同神言相遇时，它便是普遍价值与普

---

22 在人文学、社会学的领域，任何学科论文在进入正文写作前所撰写的"研究现状"，就是在阐明历史中这种具有普遍差别性的人言。

遍逻辑的相遇。两者相遇发生于历史时间中，历史逻辑如此得以显明出来。[23]

文化生命的人类性

尽管普遍价值限定了历史价值逻辑，但在普遍价值之下的文化生命体却以全人类为指涉对象。这即是文化生命的人类性。人类文化对人类中的同在者全体开放，它包括从创世到终末的人在文化动力学与文化结构论上的作为。它从民族文化的相遇中诞生的前提，正基于文化生命的这种人类性。没有人类性指向的民族文化生命体，在人类从资本经济时代迈进精神文化时代中凋落的原因就在这里。相反，越是民族的就越是人类的这种文化观念的倡导者，首先在其文化动力学中排除的是文化生命的人类性指向，因而在根本上阻止了该民族的人类化进程。

在本源论上文化生命体离不开个体生命，在结构论上文化生命体一旦拥有自己独立的形态它就成为个体生命全体的遗产。文化自身的无限性，指它不受其创造者的限定，它是人类中的同在者全体领纳的对象。所以，历史价值逻辑，也是关于文化如何生存延续的逻辑。该逻辑已从文化动力学与文化结构论两方面被展开。

文化动力学表明：文化起源于自然的人化、社会的人生化、自我的人格化，因而文化是有限的，它受到人的这三方面行为的限定。此外，文化在结构上又是独立自存的，它呈现出的感性文化、理性文化、意性文化有其自身的结构样态，尽管这种样态向人类生命开放但不受个体生命限定。因此，文化生命体是有限性与无限性的统一，因为它是文化动力学与文化结构论相互作用的产物。

作为后验共同性的历史

历史文化向全人类开放，属于人类生命共同的遗产。在当代社会，谁也摆脱不了历史文化的影响，因为每个人都是历史文化教化的产物，是历史的人文化成的结果。不过，每个时代的文化人，都有意识地把历史文化的传承当作自己的使命。从文化人身上，我们最能典型地看到作为共同性的历史相对个体生命的后验性。历史文化是人类生命的经验总和，个体生命以肉体生

---

23 这里所说的"历史逻辑"，是作为人的心理价值逻辑、社会价值逻辑之归宿的规定性的"历史逻辑"，带有"神圣逻辑"的特征。它不是笔者 2007 年后在世界图景逻辑中作为七重关系之一的人史关系来表达的"历史逻辑"。

命的方式出身后就面临着这样的经验，但必须在经验了这种经验后，历史文化才成为他的经验。个体生命只要将自己的肉体生命差别于动物的肉身，他就必须经验历史文化，必须在历史中确立自己相对动物的差别性。而能够将人的肉体生命和动物的肉体生命相差别的东西，显然不是肉体生命本身。这种差别性的确立，首先来源于个体生命的差别性意识，其次是将其意识植根于终极差别。因为，唯有建立在终极差别基础上的差别性意识，才能看守自己的差别性。根据终极差别，我们明白人作为受造者和他的创造者有永恒的差别。这种差别，依赖于三位一体的历史信仰。历史的耶稣与信仰的基督，把人这个受造者与其创造者相差别。这就是个体生命必须承受的终极价值，是任何人无法超越的终极之言。历史文化的核心，正是建立在终极价值上的历史信仰，谁也离不开对这种信仰的依赖。因为，历史中的不信者还是相信他在不信，而且，他绝对地相信着自己的不信。他凭什么绝对地说自己不信呢？假如没有一个和任何个体生命绝对相差别的绝对者，他又依据什么守住自己的不信呢？

人在历史中，即在历史信仰中，没有能够放弃自己的历史信仰性的方法。他从自己的意识生命和从同他人相遇的精神生命中，发现自己的肉身差别于动物的肉身；而且，这种差别是根植于终极差别的绝对差别。历史文化，不过是构成绝对差别的方式和见证。谁不承认这一点，谁就没有作为人的绝对依据，因为奠基于终极差别之外的依据，都面临被其他依据代替的危险。一种可能被代替的依据，怎能不会成为人不被当作动物的依据呢？任何来自于人的保证皆是有限的。

人在文化中

价值逻辑论认为人在文化中，既指人在文化动力学中与文化的本源论关系，又指人在文化结构论中和文化的见证对象——历史信仰——的本质相关性。如前所述，人怎么也不可能背弃历史信仰而生活，只不过有的人未意识到这点罢了。历史信仰，相信在历史之上还有一个高于历史的存在者，历史仅仅为该存在者的表象；历史信仰，又将把一切具有这种信仰的人联合起来、实现同在者全体的同在。这样，历史信仰，包含了它所相信的东西和共同相信这东西的个体生命全体。这种信仰，也将那些不信的人与有信的人相差别。当然，这些不信的人，因其相信自己所不相信的东西而被纳入同在者全体。

自我的文化共同性

自我的文化共同性，在根本上乃是由自我中的超我意识同历史信仰关联的产物。个体生命的自我，在文化动力学上是文化起源的给与者，在文化结构论上是文化传统的承纳者。对没有自我的人，虽然未创造、拓展已有的文化传统，但他却成为该传统的继承者。个体生命在文化上的自我创造和自我延传，不过是他的历史信仰的表达。他注定同文化相遇的命运，注定了和历史的姻缘，更注定了作为一个存在者在历史中他又是一个同在者。个体生命在承纳文化传统中承诺丰富该传统（当然，那些没有自我的人无所谓对文化传统的承诺问题），这就是自我的文化共同性。凡是有本真自我的人，无不拥有对文化的这双重关系。历史价值逻辑的主观性，也体现在个体生命和历史文化的上述关联上。从来不存在远离个体生命的自我而独立自传的历史文化本身；也没有不受历史文化影响的自在的个体生命。

自我的文化共同性，就文化本身言指文化构成的共同性。在文化动力学中，文化是自然的人化、社会的人生化、自我的人格化的三一体；在文化结构论中，文化是隐文化与显文化的合一；在文化形态上，文化是理性文化、感性文化、意性文化的三一体。任何个体生命的自我，无不通过这些方式和文化发生关联。

第三十一节 历史价值逻辑的意义

谈论个别逻辑相的意义，就是要把它置于具体的价值逻辑序列以及同普遍价值的相关性中展开其独特的个别性或差别性（或价值）。同样，个别价值逻辑相的有限性，也指它与普遍价值以及与其他个别价值逻辑相的必然相关性。历史价值逻辑接纳普遍价值，这即是它对普遍价值的意义所在。普遍价值作为根源于人言的普遍差别性，既有现实的又有可能的人言体系。历史价值逻辑所接纳的，仅仅限于普遍价值中的现实人言体系。凡是可能的人言，不在历史价值逻辑中而在普遍价值中。正是基于此，历史价值逻辑，才受到普遍价值的限定而不能与之等同为一。普遍价值中的可能之人言体系，为历史价值逻辑中的文化生命体给出展望和期盼，使之成为一个开放的价值体系。一旦发生历史价值逻辑和普遍价值等同的时候，人言就无须再言说，历史也终止了。其中，个体生命的全部奥秘被敞开，普遍价值与普遍逻辑合为一体。

基督教用上帝通过耶稣基督的终末审判来形容这个时刻。在此之前，历史价值逻辑还是普遍价值的接纳者，它通过个体生命对之的意识和由此形成的差别性意识生命体去接纳普遍价值。

同在者与存在的差别

和其他生成性价值逻辑主体一样，历史价值逻辑是借助同在者全体接纳普遍价值的。即使在历史的终结处同在者全体在数量上大大增长了，但其所接纳的普遍价值在质量上也不可能等同于普遍价值本身。那时的历史价值逻辑，依然是个别的价值逻辑相，只要历史还在延续它和普遍价值之间的差别就不可能消失。至于一般情况下，历史价值逻辑中的同在者全体和存在本身的鸿沟，照样遵循着受造者与创造者之间的差别原则。同在者全体远远超过了社会中的共在者全体，但其能够同在是因为有在上的存在与他们同在。存在的存在性，给与同在者全体以存在性，使他们不再分隔而同为存在的接纳者。如果同在者全体要继续护守自己的同在，其前提为它和存在必须有距离或现实地阻隔任何个别同在者僭越的存在者。该存在者，凭着他同存在的必然相关性和对同在者全体的应许，将同在者引向存在之路。换言之，是存在的肉身化形式，赋与同在者全体与存在同在的可能性。因为，不但个别的同在者而且同在者全体，都是在下的而非在上的存在者。在下的存在者，怎么可能抛弃自己的在下性去占有或替代在上的存在呢？倘若不化为个别的同在者，存在又如何与我们同在呢？存在甚至与我们毫无关联。

同在者企达存在之路

这是由存在自上而下昭示出来的，因为同在者与存在具有绝对差别的规定性。虽然同在者接纳了存在，但也是由于存在对同在者在肉身化的形式里的在先接纳——存在变形为同在者的样式、住在同在者中间、把在下的同在者全体引向在上的存在。换言之，历史中的同在者全体，并不因为其相互的同在性而开示出任何通达存在的路径。同在者全体，以文化生命体的形态在历史中相聚，只因为在个别同在者背后拥有一位超越于自身的共同的存在者。历史价值逻辑的意义之一，就在于它以同在者全体的方式去接纳存在的在下光临。

从同在者到达存在，这没有路，因为两者的绝对差别性；从存在到达同在者，这有道路，因为他们的绝对相关性。不过，并非同在者接纳着存在就能将两者的差别抹去。相反，同在者接纳着，所以他又和存在差别地存在着。

历史价值逻辑对社会价值逻辑的接纳

另一方面，作为生成性最强的历史价值逻辑，还是社会价值逻辑的接纳者。不用说文化生命体里有精神生命体，而且同在者全体还包括着全体共在者。历史是一次邀请了所有人进餐的宴席，即便对那些拒绝出席的人，他们也在被请的客人之列。这些人的缺席，只表明他们不在场，可不能说他们不存在。诚然，有的人拒绝出席历史的盛宴，或许因为他们认定自己的资格不够。但我们要感谢历史，因为它为一切在社会共在活动中遭受不公正待遇的个体生命承诺了终极公正的希望。这样的个体生命，从社会活动中消失了，但由于和一切同在者全体的内在关联，他仍旧会在历史中的个别阶段被记起。何况，在基督教看来，在上的存在，于历史的末端要将同在者全体复活加以终极的审判。

个体生命在社会活动中以及从普遍价值领受的差别性之言，汇集到历史价值逻辑中成为人类历史文化传统的一部分。不过，并不是说一切差别性之言，都在历史价值逻辑中。能否将自己的差别性之言在历史中留存下来，这取决于个体生命把自己个别性的言语语言化的能力。总之，凡是差别性越大的个体生命之言，在历史中留存的可能性也越大。

在学理上，我们从物理价值逻辑这种人类的先验普遍逻辑的主观化开始展开其他个别价值逻辑相。当这工作进入历史价值逻辑后，我们已无其余的路径可选择，作为人类的后验普遍逻辑的历史价值逻辑，涵盖着人类的一切生成性价值逻辑相。价值逻辑论的大部分工作到此为止已告一段落。但是，展开价值逻辑论的目的，是为了建立起它与时间历史论相关而成的世界。时间历史论中的个别时间相和价值逻辑论中的个别价值相如何关联为世界，乃是逻辑历史学不可分割的部分。

历史价值逻辑的客观化

个别价值逻辑相有主观化的开端，这在其无法再向前推进的时候也应该有终结。既然在历史价值逻辑外不复有高于它的价值逻辑相，那么，个别价值逻辑相的主观化，自然终结于历史价值逻辑中。这便是我们前面所说的历史价值逻辑的主观性。不过，主观性的历史价值逻辑，因其在价值逻辑序列中的终端地位而面对着客观化的转变。历史价值逻辑差别于其他个别价值逻辑相之处，在于它的内在历史性或时间性。这种和历史价值逻辑不可分离的内在历史性，要求历史价值逻辑所接纳的其他个别价值逻辑越过自身去同相应的个别时间相发生关联。

历史价值逻辑的客观化，一方面意味着主观化的价值逻辑的终止，一方面又把主观化的逻辑引向个别的时间相。在历史与逻辑的相关性言说中，个别的价值逻辑主体只有客观参与的可能性而无主观进退的现实性。历史与逻辑相关联生成的世界，同个别的价值逻辑主体无关，因为它完全受制于历史与逻辑本身，受制于时间历史论中的个别时间相和价值逻辑论中的个别价值相。

历史价值逻辑的客观化，基于它的内在历史性的需要。这把价值逻辑论的视野扩大为包含时间历史论的逻辑历史学的问题域。世界的生成，才真正把个别时间相与个别价值相从外部关联起来（历史价值逻辑所拥有的内部关联——历史与逻辑的价值关联——已暗示出这种外部关联的信息）。

个人关于历史世界共同性的规定

离开历史时间相，历史价值逻辑尽管不可能完全建立起历史世界的言说体系，但它对文化生命体以及自身的主观性、意义的揭示，构成了个人关于历史世界共同性的规定。个体生命对历史有不同的理解，但这并不意味着有一个像物质自然一样的历史作为理解的对象外在地存放于某地。相反，历史世界的存在依赖于它的同在者全体，它是一个伴随同在者全体而自由伸缩的世界。个体生命文化心理的形成和由之而来的对文化精神传统的贡献，丰富着历史世界的内容。固然，个体生命带给历史世界的东西是千差万别的，但他们无不具有文化动力学与文化结构论的方式。而且，这样的历史世界，对同在者全体有效。任何人都要从历史世界吸收营养生成自己的文化心理结构、动力、超越，又将之返还给文化精神传统。历史世界，不过是个体生命的文化心理与人类生命的文化精神在历史中相遇的世界。所以，对个体生命言，历史世界仅仅是一个心理性的世界；对人类生命言，它又是一个精神性的世界。精神为历史的演进作见证，如同意识为心理的成长作见证一样。个体生命与人类生命相遇，此时两者处于分隔状态；但当形成了自己的文化生命体时，个体生命便进入了人类生命，接纳着其他同在者，因而也进入了历史。

　　历史世界和社会世界、心理世界的相同处，在于它们的生成性，它们随不同的价值逻辑主体而变化；它们的差别为：历史世界涵盖的是同在者全体，社会世界由共在者全体的共在活动构成，心理世界只对存在者有效。历史世界的历史性，把一切从创世到终末的个体生命纳入其中，这也是人的历史性。当然，历史世界按照文化生命体的原则选择个体生命的进入，对以肉体生命体为其存在方式的人，不但历史世界而且社会的、心理的世界也将拒斥他。人所有的意识生命、精神生命、文化生命，是他能够和动物的肉体生命相差别的标志。人不是凭着要朽坏的肉身而是因其不朽的意识、精神、文化走进历史。历史为它的同在者承诺了最为广阔的场所：如同一张纸，其正面是由人构成的同在者全体，其背面则是和人同在的那一位。作为同在者全体的人，不过是和他同在的那一位的演员。显明这一点，也许乃是历史价值逻辑的最大意义。

第三十二节　历史学

关于历史表象的逻辑图式

　　社会现象的形成有待于共在者全体的参与，心理现象离不开作为存在者的个体生命的直接意识。这两类现象，都和在场的个体生命相关联，对不在场甚至死亡的个体生命，它们不但谈不上所谓的心理现象，而且没有任何社会现象可言。然而，历史现象，却是在场的与不在场的个体生命共同作用的产物，他们作为同在者全体的一员还有伴随他同在的那一位绝对存在。换言之，历史现象，除了同在者全体的正面相遇外，还包括他们和与之同在的那一位相遇的事件。K.拉纳把人的历史理解为那一位启示的地点，这正是基于对人的历史的超验性的自觉。历史成为不可估计、不可推导的、一次性的历史事件，就是因为其中有超验性之存在的自由介入。共在者全体的社会信仰、存在者全体的超我意识，不过是人承受在上的超验之维的方式。这种超验性，最为显明地表现于历史事件中。所以，我们称历史现象为历史表象，以此区别于社会的、心理的现象。

　　历史表象，根源于同在者全体与祂的同在。从中，我们能够看见自己的存在根据以及如何同他人共在的方式，也包括与我们同在的那一位的面目。不同的理论系统用不同的名称呼叫那一位，但一切理论系统都承认历史现象的表象性，即在历史人物、历史事件背后隐匿着一位和我们同在的绝对祂者。"上帝并不会给好人增添羊群和骆驼，也不会因屠杀和伪证拿走任何东西。祂隐藏得那么久，以致人们都忘记了 祂是如何献身在燃烧的树丛里，和一个年轻犹太人的胸怀中。/ 准备为过去和未来的人们去受苦受难。"[24]尽管祂在我们个体生命之外，但以信仰为契机介入我们的生活。不过，只要仔细沉思这绝对祂者与我们关联的方式，我们就得接受祂是三位一体的上帝。因为在这里，我们既看到绝对祂者和我们的差别，又见出祂与我们的相关。绝对祂者生成为肉身的耶稣，把一个本来同祂无关的世界和祂关联起来；绝对祂者复活为灵生的基督，表明祂与其关联的对象的绝对差别性。基督教神学将历史看成祂的故事，这源于对历史现象的表象性的理解。

当代天主教神学家谢列贝克斯，基于巴特的上帝为超越性的"绝对他者"和信仰理解的"否定的辩证法"，阐明普遍的历史主体必须植根于上帝。"基督教的整全性，必然与人类整体相关，尽管人们无法在理论或实践上用一种全备的体系去定义后者，但是人在其中的生存难题内在地与基督教的启示相联系。基督教对异化、非人化和剥夺自由的全面抗争，是通过上帝的救赎形式表现的。这种救赎，又在历史上民众的信仰中，并且通过历史民众的信仰而得以实现。基督教的回答，在于人对非人性力量的普遍抗争；但同时，基督教信仰又拒绝假定某个世俗的或者普遍的历史主体，换句话说，拒绝从理论上或者实践上给出一种世俗的原理，以赋予人类解放史以统一性。基督教的回答提醒人们：每个人在寻求的这样的普遍历史主体确实存在，但这种主体不能由历史自身给予。这个历史主体，既不是人类个体，也不是共同体或者社会的任何部分；唯有在基督教信仰（人对耶稣基督的回应）中被认识的永生的上帝，才是普遍的历史主体。这就是基督教的回答对所有提出某种在历史中并从历史而来的统一性的肯定原则的理论或行动纲领持批评态度的原因。"[25]

历史学要探明一切历史表象所内含的逻辑图式。在此，历史学以历史表象为对象，这表明仅仅研究事实并不是历史学的任务，因为任何历史事实的诞生，还有其背后的根源，还同历史事实的参与者和接受者相关。其中，他

---

24 参见诗歌《忠告》，切斯瓦夫·米沃什：《米沃什诗集II 着魔的古乔》，林洪亮译，上海：上海译文出版社，2018年，第63-64页。

25 Edward Schillebeeckx, *The Understanding of Faith Interpretation and Criticism*, London: Sheed and Ward, 1981, pp.92-93.

们的信仰发挥着根本的作用。他们所相信的那一位因他们的信而介入了成全历史事实的活动。历史事实和自然事实的差别，在于它是个体生命的文化心理与文化精神相互作用的结果。离去个体生命的心理意识对形成历史事实的功用，我们便无法理解历史。历史学家不可能客观地进入历史事实，因为并不存在一个外在于历史学家的历史事实体系等待着他进入。不过，历史学家在重建历史事实体系的过程中，应当发现他所建立的历史事实体系的内在逻辑。按照我们对逻辑一词的本源性理解，历史逻辑，便是同在者全体所信仰的那一位之言在历史表象中和人言相遇生成的价值体系。概言之，历史逻辑，正是来于历史的人言和来于逻辑的神言在历史表象中相遇生成的规则。人类固执地在世界上言说出意义，而"人类对自己的提问，首先会在实践中给出不确定的回答。这些答案将在基督教信仰中被确认。人类的历史是上帝的创造，人类的历史因而是理解基督教启示的条件，同时也是启示给予的答案。意义的丰富性，内含在人类已经在世界中发现的意义中，根据启示得到显现"。[26]

逻辑历史学和传统的事实历史学相对应，将自觉地提出一切历史表象的根据，从正面审视在历史中同在者的人言所依凭的神言的根据。事实历史学，把历史现象当作和自然现象一样的事实来把捉，它忽视了历史现象的表象性，否定历史现象同社会现象、心理现象的差别。当然，有的事实历史学，也在不同程度上从理论方面为历史现象的发生提出所谓必然的解释。但因其基点是历史事实，所以，它们最多不过依照某种历史理论对历史事实加以重新的排列组合。至于历史事实出现的必然性，事实历史学不可能展开终极性的追问。事实历史学作为关于历史事实的历史学，本身阻止了这种追问。该项任务落到逻辑历史学的身上。何况，事实历史学所涉及的历史事实，也是因为事实历史学家凭借自己的历史信仰书写的结果。任何历史学家，不可能研究全部历史事实，他所探讨的历史事实不过是其历史信仰的表象。在此意义上，事实历史学，乃是逻辑历史学的事实和初级形态。

历史即同在者全体的人言，它还在被言说；逻辑即和同在者全体同在的那一位之言，它还在被倾听。历史逻辑即这种人言与神言相遇生成的价值体系。个别历史事实的绝对差别性和绝对相关性，构成逻辑历史学所关注的对象。到此为止的时间历史论和价值逻辑论，仅仅是在为逻辑历史学的诞生提

---

26 Edward Schillebeeckx, *The Understanding of Faith Interpretation and Criticism*, London: Sheed and Ward, 1981, p.100.

供准备性的工作，我们称之为逻辑历史学引论。不管什么样的历史表象，都关涉到它的时间性、历史性、价值性、逻辑性。在进一步探究历史表象前，逻辑历史学有必要阐明历史表象所关涉的这些对象。否则，我们如何去言说个别的历史表象呢？我们称时间历史论与价值逻辑论为逻辑历史学引论，因为，逻辑历史学在关注了历史与逻辑后，还必须对它们如何相关生成为世界、逻辑承诺历史与历史承受逻辑的方式、历史的逻辑向度与逻辑的历史向度、逻辑直观与直观逻辑以及世界历史的逻辑诸问题域加以展开。事实上，逻辑历史学引论，仅仅是其关于自身的逻辑图式。在这种图式中，还包括历史学的起源问题。

从事实历史学对历史学家的信仰依赖性中，我们已看到它不过是逻辑历史学的初级形态。把历史学理解为研究历史事实的学问，这至少对历史事实为什么发生的问题缺乏根源性的追问。历史事实已显明在历史中，而历史学的根本任务，在于回答这些在历史中的事实何以在历史中。逻辑历史学问世的背景就在这里。同样，对历史学的起源问题，我们也不是从事实历史学的角度言说历史学如何起源，而是要从逻辑历史学的视野，审查历史学为什么会起源。

历史学的起源

历史学起源于人的同在需要。一位当代历史学家，对几千年前的一座古埃及墓穴发生兴趣，因为他相信那墓穴的主人和自己都是同在于历史中的个人，他有和自己一样的悲欢，也有与自己不同的情怀。他的任务，是将墓穴主人的心理世界与精神世界从主人所在的时代中挖掘出来，并展示它们和今天时代的关联。促使他这样做的原因，根源于他作为个体生命同在的需要。历史学所关涉的对象，是历史上的个体生命全体。在逻辑上，任何个体生命都有理由进入历史学家的视界，但历史学家只能实现有限关注，因为他是作为个体生命的人。所以，没有一位历史学家有资格说他所建立的历史逻辑是唯一的绝对逻辑本身。不过，极力扩大历史逻辑所指的历史表象的范围，乃是历史学家自觉努力的目标。这并不意味着：历史逻辑没有自身的绝对尺度。一种历史逻辑只要包容的历史表象比另一种历史逻辑多，提出的对历史表象的诠释更合理，它就是更赋有历史逻辑性的历史逻辑，或者说该历史逻辑的解释度便更大。

历史学，一方面起源于历史学家和历史中的其他个体生命的同在需要，他方面也可以说是同在者全体的同在需要造就了历史学。历史学作为关于历史表象的逻辑图式，该定义的心理学基础，在于同在者全体不相信自己参与成就的历史表象是一种偶然性的东西，在于他们相信自己作为历史中的同类差别于自然中的同类，在于他们认定自己作为一个类彼此有着内在的关联。同在者全体要明白为什么他们会相互同在而互不分隔，这是历史学能够源源不断地得以更新的前提。何况，历史表象还在根据现成的历史逻辑继续呈现于历史中，历史学的对象在和同在者全体同在的那一位未再临之前，没有穷尽。

是谁和同在者全体同在呢？难道仅仅是我们称之为真理的理论吗？难道是和我们一样生于肉身又死于肉身的那些先知先贤吗？难道是一个神秘的幽灵吗？难道是有人宣称的我们却无法触及的所谓历史规律吗？下面，让我们依次分析这些可能和我们同在的东西的不可能性吧！

任何理论的前提，都是它的倡导者所设定的原初观念或原初概念，由此演绎出的理论体系只能说和它的倡导者同在。理论体系的倡导者的存在，是对它的最好的看护。对那些无法理解一种理论体系的人，这种理论和他们不用说同在，连其他一切关系也终断了。理论的有效性是有限的，其原因在于个别理论体系只对其倡导者才有同在关系。

至于生于尘土又死于尘土的先知先贤，无论他们提出过多么伟大的理论体系，他们生命的永远终结为依然在世的人留下的乃是生命有限的悲叹，他们的远去又如何与我们的在世相关呢？并且，我们将发出疑问：难道人的命运就是这样的自然么？"去者日以疏，生者日已亲。出郭门直视，但见丘与坟。古墓犁为田，松柏摧为薪。白杨多悲风，萧萧愁杀人。思还故里闾，欲归道无因。"（《古诗十九首》十四）

再说不少当代人相信的神秘的幽灵，既然神秘不明，我们又凭什么说它与我们同在呢？因为，我们还可以说它根本不与我们同在，所以才显得神秘。另外，通观20世纪的世界史，极权统治者借着所谓历史规律，明目张胆地迫害杀灭他的同胞。对此，我们要问：这样和我们同在的历史规律的依据何在呢？难道人的命运就是被迫害吗？难道和我们同在的那一位保护者非要以消灭我们的方式来成全自身的完美么？

所以，理论体系的抽象、先知先贤的死亡、幽灵的神秘和历史规律的客观性，使这些来自于历史中的对象不可能成为全体同在者与之同在的那一位。历史中的任何个体生命，都无法应许与同在者全体永远同在，他在历史中表明他是有限性的存在者。所以，那和同在者全体同在的那一位，必须既和我们绝对差别又和我们绝对相关。[27]祂绝对差别于我们，因为祂的出生方式——灵生——绝对不同于我们的肉身之生，这更显明在祂的肉身的复活中；但祂的肉身和应许我们的圣灵使之与我们绝对相关，因为祂的到来是为拯救我们而来。祂不来自于同在者全体但又生成为人的肉身的样式，所以才能和同在者全体同在。祂不是一个幽灵因为祂显明自己的样式，祂不是一种理论因为祂住在我们中间，祂不是先知先贤的一位因为祂从死里复活，祂更不是客观规律因为祂成为我们生活的典范、朋友、帮助以及安慰者。历史学最终的目标，正是要展示在历史表象中个人与祂的关系和借助这种关系达成个体生命全体同在的理想。

个人与祂的关系

历史学家的信仰，驱使他去探究历史表象的普遍性根据，而一切历史表象的呈现，都同这种表象的参与者的信仰相关。作为同在者全体中的个人，无论他是历史学家还是历史表象的参与者，他们皆因着信和所信仰的对象关联起来。逻辑历史学家对历史表象的逻辑图式的解明，其目的在于开启同在者全体中的个人与祂的关系。人类生命相互同在的基础，在于祂和我们同在。祂的复活应许了我们在终末的复活，祂的再临使我们——从创世到终末的个体生命——能够在祂面前相聚，祂的审判使我们在世所经历的任何不公不义得到终极的答案。所有这些，不是除祂之外的任何同在者能够带给我们的。

历史学的人文性

历史学在历史表象中探究人与祂的关系，这赋与它以人文性的内涵。历史学关注历史中的一切个体生命，它所提倡的历史逻辑并不是和人无关的所谓客观规律，它把个体生命参与创造的历史植根于神圣性的合法性中。换句话说，历史学不能仅仅限于历史事实的排列组合，它还必须追问这种历史事

---

27 基督教神学称此为上帝的超越性与临在性，何光沪先生称此为存在的"超在性"与"内在性"。后者参见何光沪：《百川归海：走向全球宗教哲学》，北京：中国社会科学出版社，2008 年，第 125 页。

实何以成为历史性的事实，追问历史事实在逻辑上被给与的原因。而且，这种追问的对象，包括历史中的同在者全体。历史学的人文性，和心理学的、社会学的相较，它是最为宽广的人文性，又构成它们的根源。因为，同在者全体中既有在场和不在场的共在者，又有存在和死亡的存在者。所以，历史学的人文性，乃是一种同在的人文性，它最完全地展示了人性的中间性内容。由历史学提出的历史表象的逻辑，在根本上就是人文逻辑。在这种逻辑的正面，是那些在追求何为人性生活的同在者全体；在其反面，是那位临在于历史又超越于历史的上帝，他构成人性的中间性的一端，并维系着人性使其不至于堕落为纯粹的自然性。其实，人的社会性，因为以人的共在性为内容，它不可能像人的历史性——在人的历史性中必须有超越于历史的一维——那样承诺护守人性的中间性。况且，在人与人的共在活动中呈现出的精神性，还依赖于作为纯粹精神而存在的上帝的应许。没有这种自上而下的应许，社会共在将降格为以自然性为内容的单纯的利益交换活动。

人的历史价值

个体生命在不同程度上，都具有相应的历史价值。按照价值逻辑论的价值观，历史价值即通过人所呈现出的历史差别性。首先，个体生命以差别性的个体介入历史，这给与历史以差别性。其次，历史学正是要在普遍逻辑下建立起历史表象间的差别性，这成为一切历史学家的根本任务。在前一种意义上，任何个体生命都是历史家，他们的历史性决定了他们在历史中的价值；在后一种意义上，历史学家不过是那些最为典型地展示出历史性的人，他们活着的目的在于发现历史表象基于普遍逻辑下的个别性。当其深入历史表象的普遍性程度越高的时候，他们的历史性也就越具有现实性。人对历史学的贡献，正好从以上两方面表现出来。

个人关于历史表象的价值论

历史学作为个人关于历史表象的差别性规定，因而也是个人关于历史表象的价值论。当然，并非任何个体生命都会形成这样的价值论。它源于人关于历史表象的差别性的系统言说。这种言说的基础，取决于他是否发现了历史表象赖以存在的原初差别或终极差别。如果在言说历史表象时未提出自己的原初差别，言说者就不可能有关于历史表象的价值论体系；如果他的原初差别还无终极性的保证，他从原初差别上达成的历史表象的价值论就没有最后的个别性。不以终极差别为原点的价值论，不可能包括历史表象中的同在者全体，因为那承诺同在者全体的人性的那一位和其被承诺者构成了终极差别。它给与历史表象中的同在者全体以个别性。只有在终极差别那里，人和人的差别才是绝对平权的个别存在者。历史学对个体生命作为同在者全体中的一员的维护，其根据便在这里。

历史学与神学

综合历史价值逻辑论关于历史学的观念，可以将之概括为：历史学是关于历史表象的逻辑图式，它起源于人的同在需要，它探究历史表象中个人与祂的关系，其人文性构成心理学的、社会学的人文性的根源。人的历史价值，在于他能够对历史表象做出差别性的规定。因此，历史学是研究历史表象中人神关系的学问形态，它不像神学那样直接考察人神关系。人在历史中通过其存在的历史性和文化生命体的延续，承受超越于历史的神言。这种神言如何在历史表象中发生作用，致使历史得以发展，这乃是神学历史学的任务。[28]相反，尽管神学也离不开对历史之上的神言的承受，但它更关注这种神言对个体生命的存在意义。即便神学终末论和历史的终结相关，它所指的历史的终结，也首先意味着个体生命存在样态的终结，随之而来的是历史表象的结束。除了历史神学这种神学的历史学形式外，神学的主题集中在个体生命如何承受神言之上。

个体生命所承受的神言，依然不是神言本身而是人言的一部分。所以，神学在终极意义上，也属于一种历史性的学问形态。历史神学赖以成立的依据便在这里。神学家和历史学家一样为历史中的同在者全体中的一员，他们无权宣称自己承受的神言的唯一性和自己所提出的历史逻辑的唯一性。在历史与逻辑未完全同一之前，神学家和历史学家的言说，不过是对历史表象及其背后所赖以发生的那一位的有限言说。神学承诺历史的普遍同在性，只因为它所关怀的人神关系，还必须从历史表象中得以表达。倘若没有这种源于神学的主题承诺，个体生命的历史就没有普遍的历史性，人类生命也难免分离。这就是 M. 舍勒所说的：没有人对上帝的爱，便没有人与人的相爱之命题的涵义。

---

28 神学历史学，指从人神关系的终极向度研究历史的学问形态。它区别于一般神学研究中所说的历史神学。后者指基督教的神学教义发展史或广义的神学思想史。

事实历史学的伪逻辑性

和自觉以探究历史表象中的个人与祂的关系为使命的逻辑历史学相对应的，是事实历史学与历史事实学（即历史文献学）。

事实历史学，把历史学的使命限定在历史事实的排列上，认为历史事实的发现、整理便构成历史学的基本任务。它要求其研究者放弃任何主观的论断、偏见，用事实证明事实本身的价值。不过，事实历史学对历史学家的这种要求，显然违背历史价值逻辑的主观性原则。因为，事实历史学面对的历史事实，不是一个如同物理世界中的自然事实，当然也不只是如卡西尔所说的符号事实。[29]历史事实的出现，是人类文化和个体生命相互作用的结果，简言之，历史事实是人在承受历史逻辑后的创造物。其中内含的和人的意识、精神、文化相关的东西，在自然的石头、山水里并不存在。另一方面，对任何历史学家，都没有现成可供利用的历史事实。无论是否承认在历史事实的重建中隐含的历史学家的主观性，他所选择的历史事实本身，就根据他在先的主观信仰。他根据这种在先的主观信仰对历史事实做出选择。况且，历史学家作为个体生命的有限性，注定了他所选择的历史事实的不全性。所以，号称客观的、公正的、全面的事实历史学，实质上摆脱不了主观的、片面的、不全的规定性。[30]

事实历史学的基本预设为：事实即价值。但是，正如我们在逻辑世界中的伪真价值观一章所见的那样，历史事实并不直接构成价值。个别历史事实之间的个别性，由其参与者和阐释者的价值观所决定。[31]而且，历史事实，不过是历史价值逻辑的表象。因为，价值的终极根源，由逻辑所给与，是终极差别所承诺的历史逻辑赋予历史事实以个别性。在最低层面上，历史事实的个别性，不是从它自身呈现出来的。个别事实的特殊性，取决于历史学家根据自身的信仰重建的价值逻辑。事实历史学并没有能力展开历史事实所内含的逻辑，它对历史事实的罗列，掩盖了人类生命对其背后的根源性追问；甚

29　参见恩斯特·卡西尔：《人论》，甘阳译，上海：上海译文出版社，1986年，第222页。

30　关于历史学家的不全性，参见罗宾·科林伍德《历史哲学的性质和目的》，张文杰等编译：《现代西方历史哲学译文集》，上海：上海译文出版社，1987年，第149-169页。

31　参见H.李凯尔特：《历史上的个体》，张文杰等编译：《现代西方历史哲学译文集》，第1-38页。

至它会代替这种追问，从而将人类生命创造的历史误读为像物质自然一样无精神性规定的东西。

事实就是事实，历史事实依然有事实性的规定。其中虽然含有价值性的成分，但它不能等同于价值，更不是历史逻辑本身。不对历史事实的价值根源加以追问，不对这种根源的逻辑展开自下而上的言说，历史学家就只是事实的收藏家。历史事实展现在历史表象中，其内在的价值逻辑还期待着逻辑历史学家的揭示。以历史事实替代历史逻辑的事实历史学，不过是物理学在历史学中的变种。

历史事实学的伪历史性

事实历史学，在根本上还是一种和逻辑历史学相对应的方法论。它仅仅把历史当作物质自然一样的事实来理解，历史学家和历史表象的参与者也不过是肉体生命一样的事实。这种方法是具体实践的结果，产生了历史事实学或曰历史文献学的学科形态。事实历史学仅仅对历史中的事实做出孤立的解释，但历史事实学强调这些孤立的历史事实在文献上的相互联系，它以一种历史事实去说明另一种历史事实，即使两者之间根本不存在任何内在的相关性。历史文献学，把历史看成无数文献事实的集合，至于集合中各个别的历史事实间是否有其必然的联系，对此它不加以追问。它更不探究文献事实的历史性及逻辑性的依据——何以一个文献事实成为历史的而非自然的事实？

如果把历史文献学当成一门发现历史事实的学问，它当然有一定的价值。不过，如果对历史学只作如此阐释，那么，这就使之沦为一种自然科学。况且，文献事实的集合还不等于历史，正如自然科学中的发现还不是物理一样。个别文献事实的历史性，来于它同其他文献事实在价值上的关系。正是历史学家的历史信仰，把个别文献事实建立成历史的价值逻辑。历史文献学自身，并没有独立承诺其文献事实的个别性的能力。相反，文献事实的个别性，只要在历史中绝对不可替代，它就必须依存于历史学家在价值逻辑上的承诺。

历史事实学，误将历史中的文献事实当作历史事实甚至历史表象。这种误读的后果，即以文献事实的集合取消它们之间的绝对差别，因而是对承受于绝对差别的历史表象的历史性的取消。这样，没有历史性的文献事实，还属于历史学的研究对象吗？

　　总之，无论以历史事实为历史的事实历史学还是以文献事实为历史的历史事实学，两者都把历史解释为客观事实的自我呈现，仿佛这些事实的发生与个体生命及人类生命没有关联。不过，它们的上述信仰表明：在人类历史的进程中，至少还有一种超越于历史的东西的存在。我称之为历史的价值逻辑。只是，历史价值逻辑的价值性，向我们暗示出历史表象的人文性：历史的发生同个体生命的历史信仰相关；历史价值逻辑的逻辑性，又意味着历史表象背后的神圣性：历史绝不限于人类生命的作用。这正是逻辑历史学问世的原因。事实历史学的伪逻辑性和历史事实学的伪价值性，使它们不可能对历史表象为什么会如此的问题做出必然的回答。诚然，基于对自己作为个体生命的终极有限性的自觉，逻辑历史学家所提出的关于历史的逻辑永远也是主观的、片面的、不全的一幅历史图景。逻辑历史学家的历史信仰，制约着他所看见的历史事实的界限。因此，对他而言，历史事实不过是对其历史信仰的印证。当然，在主观上任何历史学家都希望自己涉及到历史中的全部事实，但在客观上总会有对他的视野而言的例外事实。当逻辑历史学家越深入历史的价值逻辑时，因他涵盖的差别性历史个体的减少、而随之出现的例外事实也会减少。逻辑历史学家提出的历史价值逻辑的逻辑性的标志，在于他的逻辑的解释力，从历史学的对象说指他占有的历史事实的丰富度。关于这种要求，事实历史学和历史事实学都不可能达成。因为，前者否认根源于逻辑的历史事实的绝对差别性即以伪逻辑性为特点，后者遮蔽了文献事实在价值上的差别性即以伪历史性为特点。不承认历史事实或文献事实的个别性，怎么能够产生出对历史事实的丰富性的容纳胸怀呢？而历史事实或文献事实的个别性，在终极意义上正好来自价值逻辑的承诺。这样，从对事实历史学与历史事实学在价值逻辑论上的依据的考察中，我们必须转向逻辑历史学，以此打开历史的真正奥秘。

第十章　价值递增与个别价值逻辑相的真伪

关于个别价值逻辑相，我们主要从它的根源、主体、有限性、客观性或主观性、意义以及相应的学科形态加以展开。至此，我们已基本完成纯粹价值逻辑论的建构工作。但是，我们还有必要从整体上反思价值逻辑的边界性。

按照价值逻辑论，从物理价值逻辑到生理价值逻辑属于现成性价值逻辑序列，从心理价值逻辑到历史价值逻辑为生成性价值逻辑序列。在对个别价值逻辑相的言说中，我们分别详尽地探究了在不同界域里价值与逻辑如何相关产生价值逻辑相，且在心理价值逻辑相方面使用了更多的篇幅，其主要原因为它对其余个别价值逻辑相的产生发挥着根本的功用。不管是现成性的还是生成性的价值逻辑相，都同心理价值逻辑中的意识生命体的活动不可分离。个体生命全体借助意识生命的意识，领纳和创造着人类文化中的一切。

价值的客观递增和主观递增

和在时间历史序列中一样，价值逻辑序列中也存在客观递增和主观递增现象。只是，增长的内容发生了根本的变化。在价值逻辑序列中，从生理到物理的现成性价值逻辑是知识普遍性的增长，从心理到历史的生成性价值逻辑是思想普遍性的增长。知识普遍性，指人关于物质自然的知识适用于自然生命和肉体生命；同样，人关于历史的思想适用于历史中的社会和自我，这就是生成性价值逻辑所呈现出的思想普遍性。人们能够从历史中吸取教训的根本依据就在这里。历史学家根据其历史思想重构出社会的、心理的图景，科学家按照其物理知识展开生命的、生理的图景。两者并不否定对各界域加以个别性的言说。无论知识的还是思想的普遍性，在最低层面指向个体生命的肉体或意识，在最高层面指向人类生命的自然或文化。人关于外在自然的知识对他的内在自然——肉体生命——依然有效，人关于外在自我（即文化）的思想对他的内在自我——意识生命——同样有效。

知识体系来于人对自然的发现，它表达人与自然的关系。这种关系对个体生命言，乃是他的意识与肉体、灵魂与身体的关系。人类以自己的生命理智所创造出的概念，去描述出自然的有序图景。这种图景，在本源论上展示出人类的而非个人的主观性，在存在论上却是客观的。因为，知识体系赖以建立的个别概念，必须得到人类的主观认同，概念自身并不是客观地存在于自然对象中。但是，人类一旦普遍地接受了个别概念的所指，它就和个别人的主观使用无关联，除非有人扩展或改变了这样的概念的内涵。另一方面，知识体系的增长，又是对人的生命理智能力的见证。

思想体系从人对心灵的追思而来，它是人与自我相关的产物。人关于社会的、历史的思想，不过是人对其自我展开追思的结果。个人利用意识生命体中的生命理智所构成的观念，去建立心灵的有序图景。该图景在本源论上带着个人的而非人类的主观性，在存在论上显明人类的主观性。（在人的存在本源中，生命理智和生命情感、生命意志相较，发挥了更多的功用。我们从关于价值逻辑论与时间历史论的讨论中，也可看出这一点。因为，个体生命的追思，离不开生命理智所构成的观念和概念。这种追思，在生命情感和生命意志的领域也是如此。）思想总是人关于自身的思想，人所认识的社会和历史，不过是他作为认识者放大后的个别自我，一种人类性的自我；知识总是人对自然的知识，即不可能有关于人生的普遍知识。有时人们说科学思想，其实指的是系统化的科学知识体系。思想不可检验并且永远是个别性的，正因为它永远是个别性的，因而才是普遍的；知识始终是普遍的，所以才是个别的，任何自然界中的个别物都受到一定知识体系的限定。它们被限定在特定的知识谱系中。这在狭义上把科学和形而上学相区别。科学的概念、定理、原理所建成的知识体系的普遍性，使之能够成为一门学科；形而上学的观念，起源于个人的追思活动，一种人对人生的意义、取向的设疑活动。这种活动同个人的心灵、自我相关，因此，形而上学只是个人的一种精神样式，没有一切人能够认可的形而上学体系，更没有能够诠释一切精神现象的形而上学。

在广义上，知识与思想的不同，还成为自然科学与人文科学、现成性价值逻辑与生成性价值逻辑的差别。我们把心理学、社会学、历史学归属于人文科学。这里的"科学"一词和作为自然科学简称的科学根本相异。因为，人文科学并不可能像自然科学那样为人类给出普遍有效的知识体系；相反，它所创造的思想体系最终都是自我性的对象物，而且直接和人类生命中的个体生命相关。

当然，从价值逻辑论看，科学知识体系与人文思想体系为价值的一部分，前者是对自然物的差别性言说，后者是对构造物（人的活动及其产物或人造物或人的文明）的差别性言说。和一般人文科学与自然科学不同的是，价值逻辑论还要追思以上差别性言说的神言根据。这构成我们探究人文科学、自然科学和神学的关系的原因。

总之，价值的客观递增，指人类在客观知识上的增长；价值的主观递增，指人类在主观思想上的增长。利用一方否定另一方，都属于不公正的话语强权行为。所以，自然科学家，不能说人文科学未带来知识的增长而否认其价值；同样，人文科学家，不能因为自然科学未实现思想的增长而不顾它的价值。客观知识与主观思想，分别依存于现成性与生成性的价值逻辑相。借助话语强权否定其中一方，其结果是对整个价值逻辑序列的混淆。

个别价值逻辑相的本真性

这体现在根据和现象上。换言之，如何使个别价值逻辑相守护其个别性，取决于它与普遍价值和其余个别价值逻辑相的关系。个别价值逻辑相，在根据上必须承受普遍价值的承诺，从在上的普遍逻辑中领取关于自身的普遍个别性。但是，仅仅如此的个别价值逻辑相，还会越过自己的承受地位代替普遍价值或普遍逻辑。为避开这点，在现象上，它还必须保持自己在价值逻辑序列中的位相本真性。个别价值逻辑相，只有在和其他个别价值逻辑相的相关性与差别性中保持自己的纯粹个别性。如果这样，个别价值逻辑相，就不会在代替普遍逻辑与其他个别价值逻辑相中丧失自己的个别性，其中的在场者——价值逻辑主体、场所与在场方式——也获得了自己独立的个别性，置身于各个别价值逻辑相中的差别性因素也不会在僭越其他因素中将自己神圣化。这些因素，将处于有序的自然图景与人文图景里。

个别价值逻辑相的伪真性

这也展示在根据和现象上。在根据上，个别价值逻辑不但拒斥普遍价值的承诺，甚至无视自己的个别性去承诺普遍价值，认定普遍价值起源于个别的价值逻辑相。在客观知识和主观思想的增长度上，由于在价值逻辑序列中相应的物理的与历史的两相价值逻辑最大，因此，它们最容易成为普遍价值的替代者；另外，心理价值逻辑替代普遍价值，其原因在于它的意识性的神化。其实，任何个别价值逻辑相代替普遍价值，都和心理价值逻辑主体的神化意识相关。凭着这种意识，个体生命立足于某个单一的价值逻辑相主体去达成它们在根据上的伪真性。

在根据上的价值逻辑的伪真性，在现象上表现为它们间的位相错位。如果个别价值逻辑相越过自己的个别性代替普遍价值，它就要在其余个别性价值逻辑相中实现自己的这种伪普遍性，即承诺其余个别价值逻辑相的个别性。在价值逻辑序列中，物理的、心理的、历史的三相价值逻辑最可能扮演这样的角色，其思想形态即物理主义、心理主义和历史主义。它们利用各自的个别性吞并、替代其余价值逻辑相的个别性，无视个别价值逻辑相的个别性地位。

价值逻辑的伪真性，致使价值逻辑的位相错位和价值性无明，如以心理价值逻辑代替历史价值逻辑。个体生命沉沦在价值逻辑序列中丧失了自己的意识界域，因而将相互差别的个别价值逻辑相混为一体。价值逻辑论建立在普遍价值与个别价值逻辑之间的差别性和个别价值逻辑相之间的差别性的基础上，这正是为了避免出现价值逻辑的伪真现象。

第十一章 逻辑的呈现：终极差别的临在

在言说个别价值逻辑相的过程中，我们主要选择的是自下而上的方法策略，即从个别价值逻辑相的承受性去审视普遍价值乃至普遍逻辑的承诺性。现在，我们将改变我们的言说向度，从普遍价值的承诺性审视个别价值逻辑相的承受性。一旦这样做，我们首先面临的是逻辑的呈现所表达出的终极差别的临在问题。

逻辑与逻辑价值的差别

终极差别的临在前提，是作为纯粹神言的逻辑与作为和神言相关生成的逻辑价值的差别。神言这种根源于神圣者之言说体系，同时指向神圣者，其言说对象扩展到哪里，神圣者的差别性就显明在哪里。这种差别性，并不因为价值逻辑论的言说而消失。其实，一切关于个别价值逻辑相的言说，在终极意义上不过是逻辑价值性的自我开启。但是，作为开启结果的逻辑价值，差别于它的开启者——逻辑本身。被开启者包含开启者的信息，它不是开启者本身。这种差别性，在普遍价值的肉身化事件中得到现实的维护。

普遍价值的肉身化

普遍价值，避开抽象而相对有限的理论和神秘而难以认信的幽灵，选择言成肉身的耶稣为捍卫自己普遍性的途径。言成肉身的耶稣，在其肉身成言的基督中得到完满自足的表达。这样，普遍价值的普遍性，在承诺个别价值相的过程中，同时又保存了自己的自足性，它并不因为个别价值相的诞生而损伤自己。耶稣基督显现为个别化的肉身，只是为了给与个别价值相的主体以普遍的个别性，或者说，是为了把个别价值相的主体植根于神圣的普遍性中。从前散乱无根据的个别价值相主体，因着肉身化的耶稣基督的统一承诺而有序化为价值逻辑序列。这种统一承诺，在价值逻辑论中表现于个别价值逻辑相与普遍价值的相关性言说里。

除了承诺个别价值相以普遍的个别性外，普遍价值为阻止个别价值相向自己僭越，还在个别价值相之间维持分身现象。在价值逻辑论中，这表现在各个别价值相之间如何相关的言说里。普遍价值的在下承诺与个别价值相的在上承受，通过价值的相对性与绝对性得以实现。普遍价值在下承诺个别价值相以相对性、个别价值相在上承受普遍价值以逻辑的绝对性，两者由此关联起来。其中保乃是耶稣基督，祂的神圣位格，既不像一种抽象的理论体系那样只能让少数人明白，也不像一个神秘的幽灵那样令人难以把握。耶稣基督作为历史事件，显明为言成肉身与肉身成言，因前者祂在历史中、因后者祂同时在信徒中。祂是神子因而为上帝之言，祂是人子因而为人之言。人类在跟随祂的过程中，逐渐将自己个别性的人言植根于祂所启示的神言中，这同为个别价值逻辑相在普遍价值中成全自己的普遍个别性的过程。

历史与逻辑的必然相关性

逻辑历史学从时间历史论过渡到价值逻辑论，这是由于个别时间相需要充实相应的个别价值相。把时间同价值相关联，只是为了更好地理解由时间所开启的历史和由价值所开启的逻辑的必然相关性。唯有存在这样的相关性，才诞生出所谓的世界。从前人类在言说世界时收获甚微，是因为没有从历史与逻辑的相关性方面加以展开。实际上，从广义的角度，我们还可以把逻辑承诺历史的方式、历史承受逻辑的方式、历史的逻辑向度、逻辑的历史向度诸问题域纳入历史与逻辑的相关性视域。这一切，正建立在世界的出场基础上。

逻辑呈现在差别性的世界里，它借着终极差别指向力给与世界中的个别物以纯粹的差别性。所以，仅仅来源于人言的价值差别，还必须有来源于神言的逻辑差别为依据。因为，只有在神言中，差别性之人言才成为个别性的人言，并属于普遍神言体系中的一部分。价值逻辑论，作为终极差别临在的结果，最终以历史与逻辑的相关性生成的世界为目的地。其中，使世界成为有序化的世界本身，乃是价值逻辑论转向历史逻辑论——关于历史与逻辑的相关性理论——的原因。

主要参考文献

1. 艾耶尔：《二十世纪哲学》，李步楼、俞宣孟、苑利均等译，上海：上海译文出版社，1987年。

2. 奥古斯丁：《忏悔录》，周士良译，北京：商务印书馆，1987年。

3. 彼得·柯文尼、罗杰·海菲尔德：《时间之箭》，江涛等译，长沙：湖南科技出版社，1995年。

4. 陈嘉映：《海德格尔哲学概论》，北京：生活·读书·新知三联书店，1995年。

5. 恩斯特·卡西尔：《人论》，甘阳译，上海：上海译文出版社，1986年。

6. 恩斯特·卡西尔：《语言与神话》，于晓等译，北京：生活·读书·新知三联书店，1988年。

7. 费希特：《论学者的使命人的使命》，梁志学、沈真译，北京：商务印书馆，1984年。

8. 汉斯·昆：《论基督徒》，上、下卷，杨德友译，北京：生活·读书·新知三联书店，1995年。

9. 和合本《圣经》，新国际版（NIV），日本圣经协会1900年日文版《圣经》，天主教思高版《圣经》。

10. 何光沪：《百川归海：走向全球宗教哲学》，北京：中国社会科学出版社，2008年。

11. 黑格尔：《精神现象学》，贺麟、王玖兴译，北京：商务印书馆，1983年。

12. 黑格尔：《哲学史讲演录》第 2 卷，贺麟、王太庆译，北京：商务印书馆，1983 年。

13. 黑格尔：《自然哲学》，梁志学等译，北京：商务印书馆，1986 年。

14. 洪谦主编：《逻辑经验主义》，上、下卷，北京：商务印书馆，1982 年。

15. 胡塞尔：《欧洲科学危机和超验现象学》，张庆熊译，上海：上海译文出版社，1988 年。

16. 胡塞尔：《现象学的方法》，倪梁康译，上海：上海译文出版社，1994 年。

17. 胡塞尔：《现象学的观念》，倪梁康译，上海：上海译文出版社，1987 年。

18. 霍布斯：《利维坦》，黎思复、黎廷弼译，北京：商务印书馆，1985 年。

19. 吉尔伯特·赖尔：《心的概念》，刘建荣译，上海：上海译文出版社，1988 年。

20. 蒋荣昌：《历史哲学》，成都：巴蜀书社，1991 年。

21. 卡尔·波普尔：《猜想与反驳》，傅季重、纪树立、周昌忠等译，上海：上海译文出版社，1986 年。

22. 卡尔·波普尔：《无穷的探索》，邱仁宗、段娟译，福州：福建人民出版社，1987 年。

23. 柯林武德：《历史的观念》，何兆武、张文杰译，北京：中国社会科学出版社，1987 年。

24. 克莱夫·贝尔：《艺术》，周金环、马钟元译，北京：中国文联出版公司，1985 年。

25. 克罗齐：《美学原理》，朱光潜译，北京：外国文学出版社，1983 年。

26. 列宁：《唯物主义和经验批判主义》，北京：人民出版社，1960 年。

27. 刘小枫：《走向十字架的真》，上海：上海三联书店，1994 年。

28. 刘易斯·托玛斯：《细胞生命的礼赞》，李绍明译，长沙：湖南科技出版社，1995 年。

29. 路易·加迪等：《文化与时间》，郑乐平、胡建平译，杭州：浙江人民出版社，1988 年。

30. 罗兰·巴尔特：《符号学原理》，李幼蒸译，北京：生活·读书·新知三联书店，1988 年。

31. 罗素：《人类知识的范围和界限》，张金言译，北京：商务印书馆，1983 年。

32. 罗素：《西方哲学史》，纽约：西门与舒斯特公司，1972 年。

33. 罗素：《哲学的问题》，何明译，北京：商务印书馆，1960 年。

34. 罗素：《宗教与科学》，徐奕春、林国夫译，北京：商务印书馆，1982 年。

35. 莫理斯·戈兰：《科学与反科学》，王德禄、王鲁平译，北京：中国国际广播出版社，1988 年。

36. 尼采：《查拉斯图拉如是说》，尹溟译，北京：文化艺术出版社，1987 年。

37. 尼采：《快乐的科学》，余鸿荣译，北京：中国和平出版社，1986 年。

38. 尼采：《强力意志》，伦敦，1924 年。

39. 潘能伯格：《人是什么——从神学看当代人类学》，李秋零、田薇译，上海：上海三联书店，1997 年。

40. 乔治·萨顿：《科学的生命》，刘琦君译，北京：商务印书馆，1987 年。

41. 史蒂芬·霍金：《时间简史》，许明贤、吴忠超译，长沙：湖南科技出版社，1995 年。

42. 叔本华：《作为意志和表象的世界》，石冲白、杨一之译，北京：商务印书馆，1982 年。

43. 苏珊·朗格：《情感与形式》，刘大基、傅志强译，北京：中国社会科学出版社，1986 年。

44. 汤因比：《历史研究》，上、中、下，曹未风等译，上海：上海人民出版社，1986 年。

45. 唐君毅：《文化意识宇宙的探索》，北京：中国广播电视出版社，1992 年。

46. 特伦斯·霍克斯：《结构主义与符号学》，瞿铁鹏译，上海：上海译文出版社，1987 年。

47. 托尔斯泰：《天国在你们心中》，李正荣、王佳平译，上海：上海三联书店，1988 年。

48. 维特根斯坦：《文化和价值》，黄正东、唐少杰译，北京：清华大学出版社，1987 年。

49. 亚里士多德：《诗学》，罗念生译，北京：人民文学出版社，1982 年。

50. 亚里士多德：《物理学》，张竹明译，北京：商务印书馆，1982 年。

51. 亚里士多德：《形而上学》，吴寿彭译，北京：商务印书馆，1991 年。

52. 林达夫、久野收编：《哲学 IV 历史的哲学》，羽仁五郎等的对话，东京：岩波书店，1971 年。

53. 坂田昌一、近藤洋逸编：《哲学 VI 自然的哲学》，东京：岩波书店，1971 年。

54. 粟田贤三、上山春平编：《哲学 IX 价值》，东京：岩波书店，1971 年。

55. 叶秀山：《苏格拉底及其哲学思想》，北京：人民出版社，1986 年。

56. 伊·拉卡托斯：《科学研究纲领方法论》，兰征译，上海：上海译文出版社，1986 年。

57. 约翰·华特生编选：《康德哲学原著选读》，韦卓民译，北京：商务印书馆，1987 年。

58. 约翰 R.W.斯托特：《上帝的新社会》，伊利诺伊，1979 年。

59. 张汝伦：《历史与实践》，上海：上海人民出版社，1995 年。

60. 查常平：《日本历史的逻辑》，成都：四川人民出版社，1995 年。

61. 刘小枫主编：《20 世纪西方宗教哲学文选》，上卷，上海：上海三联书店，1994 年。

62. 洪谦主编：《西方现代资产阶级哲学论著选辑》，北京：商务印书馆，1964 年。

63. 北京大学哲学系外国哲学史教研室编译：《西方哲学原著选读》，下卷，北京：商务印书馆，1982 年。

64. 中国现代外国哲学学会主编：《现代外国哲学》，第 7 辑，北京：人民出版社，1985 年。

65. 张文杰等编译：《现代西方历史哲学译文集》，上海：上海译文出版社，1987 年。

66. H. G. 伽达默尔：《真理与方法》，上、下卷，洪汉鼎译，上海：译文出版社，1999 年。

67. H. 奥特：《不可言说的言说》，林克、赵勇译，北京：生活·读书·新知三联书店，1994 年。

68. H. 李凯尔特：《文化科学和自然科学》，凃纪亮译，北京：商务印书馆，1986 年。

69. K. 拉纳：《圣言的倾听者》，朱雁冰译，北京：生活・读书・新知三联书店，1994 年。

70. L. A. 怀特《文化的科学》，沈原等译，济南：山东人民出版社，1988 年。

71. M. 兰德曼：《哲学人类学》，阎嘉译，贵阳：贵州人民出版社，1988 年。

72. W. 海森伯：《物理学和哲学》，范岱年译，北京：商务印书馆，1981 年。

73. 海德格尔：《存在与时间》，陈嘉映、王庆节译，北京：生活・读书・新知三联书店，1987 年。

74. Paul Ricoeur, *Hermeneutics and the Human Science,* Edited and translated by John B.Thompson, New York, 1981.

75. H.Richard Niebuhr, *Christ and Culture*, New York : Harper&Row Publishers, 1951.

76. Heidegger, *Being and Time,* tran. by John Macquarrie and Edward Robinson, Oxford,1985.

77. Warren W. Wiersbe, *Be Right*, Wheaton : Victor Books, 1977.

78. Warren W. Wiersbe, *Be Real*, Wheaton : Victor Books, 1972.

79. *Bible For Spirit Filled Living* New King James Version 1991 by Thomas Nelson, Inc..

80. Williams, *In The Language of The People,* Chicago, 1963.

81. *Deconstruction in Context Literature and Philosophy,* Edited by Mark C.Taylor, Chicago: the University of Chicago, 1986.

附录：在感恩中呼求——
一个人文学者的见证

成为我异象，我心中主宰
万事皆虚空，除我主以外
主是我昼夜最美思想
清醒或睡眠，我主都同在

恳求心中王，成为我异象
圣灵充满我，为主打胜仗
主是我终生最好良伴
欢乐或忧伤，我主都同在

……

教会进行财物奉献的时候，我随同其他弟兄姊妹唱起这首圣诗，潸然泪下。这是我在美国的第四次流泪。

1. 理性的追思

二十岁时，我立志成为一位著名的学者。于是，我决定报考当时最为盛行的美学专业的研究生，据说是四川大学建外语系以来第一个直接从本科考上的同学，书记亲自将档案送到四川师范大学。但是，四年苦读后发现：美学作为一门学问究竟该研究什么，我却变得糊里糊涂了，虽然曾经洋洋洒洒写过几万言的"美学的诞生"之类文章。

名声的美魅，吸引我继续前行。我满怀崇高的理想，在 1993 年写成了学术专著《日本历史的逻辑》，得到研究日本思想的专家卞崇道先生的首肯作序。两年后公开出版，寄给日本、德国、美国等凡是有汉学研究的图书馆以及国内一些自己敬重的学者，但是，应者寥寥。原来以为会引起巨大轰动、很快应当被翻译成日语的著作，石沉大海。这本书由朋友赞助加上部分自费出版，十六年过去至2011年还有一百本左右放在我的床底下（后来出于朋友的怜悯，她以10元1本拿走；再后，一天我接到电话说有你写的《日本历史的逻辑》一书多本是否愿意购买）。那时，我的确认为我已经发现了日本为什么在20世纪战后60年代迅速腾飞的秘密，发现了日本明治维新后为什么走向军国主义的答案，甚至对于洋务运动、戊戌变法为什么在近代中国失败也恍然大悟；那时，我二十八岁。

对于学术界，我由衷地感到失望。不过，不知不觉中，学术研究本身却带给我一种盼望。在研究日本历史的逻辑后，我清楚地意识到：作为一个民族，日本人为什么在明治维新前尊重中国人、在二战前尊重欧洲人、在战败后尊重美国人、但到20世纪六十年代经济腾飞后就以自己为大，因为他们曾经宣称天皇是天照大神——太阳神——的后裔、自己是天皇护佑的子民。既然这位神不会犯错误，那么在祂的命令下所做的一切都不为不义，都是为了把大东亚人民从西方殖民者的奴役下拯救出来。日本人在二战中自认为是"救世主"。原来，他们通过把天皇神化、使天皇成为现在活着的神（日语为"现人神"）而赋予了自己优越于其他民族以超越性的神学依据，进而塑造出使大和民族神化的逻辑。这就是日本人作为一个群体绝对骄傲的根源。相反，人要绝对谦卑，基督教关于复活的耶稣基督成为人与神之间唯一的中保的教义就尤为重要，因为只要基督耶稣现在还活着，人就不能越过祂骄傲地宣称自己成为神、坐在祂的右边，甚至代替神行道。无论你是旷世天才还是万代枭雄，你都不过是人，你都是用两只脚站立在地上，你在地上因阳光形成的身影不过几米远的距离。况且，这位耶稣基督，教导人要爱上帝、爱邻人如自己。人只能谦卑地匍匐于大地上，在仰望中敬畏、在敬畏中生活、动作、存留。因耶稣基督，人成为人、上帝成为上帝，这就是人类生活的正义基础。人所生存的世界之正义由此得以建立，其中的世界因子——语言、时间、自我、自然、社会、历史——因人通过耶稣基督与上帝的关联而各就各位：世界中的语言是人所栖居而非工具化的对象，时间是人所安息而非忙碌的依据，自我中的个人是人所生成而非消费的对象，自然是人所管理而非征服的对象，社会中的他人是人所共在而非革命的对象，历史中的传统是人所传承而非抛弃的对象。所有这些的根据，由基督教的三位一体的上帝信仰给出了终极的承诺。我从理性上扫除了成为基督徒的障碍，决志谦卑地生活。

为了能够提高英文口语，经过研究生期间的学妹（其实际年龄比我想象的大得多）介绍，我来到一对加拿大夫妇 Bill 和 Shirley 的家，同一群年轻人开始学习《新约》的《加拉太书》。每周四的查经过程中，我都会向男主人 Bill 提出多多的疑难问题。比如，"既然上帝创造了人类，那么，上帝怎样在历史中把中国人创造出来的"？"既然基督徒有上帝来的智慧，那么，你为什么无能回答我提出的这样的问题呢"？他或者非常耐心地翻阅《圣经》进行似是而非的回答，或者借阅如《圣经中的一百个难题》之类的书让我独自探索，或者为我祷告求上帝让我谦卑地追求来自上面的智慧。一段时间过后，我感到他根本回答不了我的问题。我选择沉默，继续去学习提升英文。原因有二：那里的姊妹一个比一个青春、容光焕发，喜乐盈盈，仿佛每周用什么特殊的保养护肤品洗过脸；每次查经结束后，弟兄姊妹们把一个长得很矮的女孩从楼上抱下来，Bill 夫妇也温情地从四楼下来目送每位，其眼中流露出的平等、博爱的目光，使我暗自深问如此美德究竟来自何方神仙？我从感性上体会到耶稣基督这样的信仰的平等力量。

2. 救恩的临在

1994 年底，他们决定回国了。我被他们作为基督徒的大爱吸引，并得到一位来自非洲马里的黑人弟兄与来自德国的白人姊妹在圣经学习方面的引导与帮助。由于受到法国神学家西蒙·薇依《重负与神恩》一书的影响，我认为既然上帝没有感动我跪下来聆听到祂亲自对我说"要接受洗礼"，只要在心里信就行了。次年 10 月国庆节洗礼当天，作为皇室后裔的马里弟兄引用《马太福音》28：19-20 节说："天上地下所有的权柄都赐给我了。所以，你们要去使万民作我的门徒，奉父、子、圣灵的名给他们施洗。凡我所吩咐你们的，都教训他们遵守，我就常与你们同在，直到世界的末了。"既然相信，那就应当顺服耶稣基督本人的命令。我一头栽入水中，起来后天也没有开，也没有听到任何来自高处的声音。我蒙恩得救，成为一名基督徒。

我依然雄心勃勃地计划写作多卷本的《人类历史的逻辑》，要清晰地探明世界各民族的历史为什么会这样而不是那样的逻辑原因，以便自大地为人类的未来发展给出方向。为了能够阅读第一手文献，我同时着手学习法语、继续修德语，计划在四十岁前掌握今日世界上通用的几种语言；1995 年 3 月，我从停薪留职两年后返回单位，同时开始写作具有导论性质的、作为阐明人类历史的逻辑的奠基性的著作《历史与逻辑》一书。经过两年日夜笔耕，1997年我完成了该书上卷约四十万字，从人的时间意识开始进入到历史怎样生成，从人的价值言说开始分析逻辑如何形成，最后从历史与逻辑的关联发现了世界的图景。它背靠语言而在，拟定写作下卷，名为《语言与世界》。不过，后者也许将成为一份提纲、成为我永恒的梦。那时，我三十一岁。

我筹划用一年时间出版该书，相信它对于人类如何看清今天的历史具有"里程碑"的意义。北京生活·读书·新知三联书店因为北京大学的一位研究中国哲学的学者的意见最早拒绝出版此书，编辑在电话中质问我为什么自己找人写推荐信；然后是中国青年出版社因为无市场而退稿，再后就是中国人民大学出版社编辑听了我老实讲述书稿在三联的遭遇当场退还，其间一份打印稿还被人民出版社的一位资深编辑在搬迁办公室中丢失过、一份还被商务印书馆的编辑室主任当面遗落在学术会议的座位上，最后经过十年库存于巴蜀书社以《历史与逻辑》《人文学的文化逻辑》之名问世。

巴蜀书社以整理出版古典文献著称。换言之，两书在还没有同读者见面时因其同该社的结缘就已经沦为"古籍"。这是我早已预料中的事，我早已不再以学术为人生的根基。十多年前《日本历史的逻辑》在读者中的厄运，使我清晰地意识到人文科学在中国这个从前现代向现代转型的社会中永远衰落了，使我看好在图像传播时代艺术批评的价值。这就是我从 1997 年 10 月开始参与当代艺术批评、1998 年着手主编《人文艺术》论丛的原因之一。另一个原因，是名声的诱惑。

3. 圣道的指引

洗礼后，我阅读英文版的《荒漠甘泉》，感觉书中每一天的话语都是为我而写，口里哼着圣歌去上班，宽恕了让我延期一年转正的人事处长，以服务的心态来完成手中一切的工，在单位心甘情愿地为一群年老的知识分子泡茶倒水，帮助他们解决生活上的种种困难。同时，由于缺乏工人，开始参与带领牧养教会。一天祷告后，阅读到《约翰福音》中耶稣三问彼得又是问我是否爱祂的第 21 章 15-19 节。这即是最初得到呼召、验证参与事奉的经文。至于为什么接受按立成为执事，也是源于圣经更为明确的默示："圣灵立你们作全群的监督，你们就当为自己谨慎，也为全群谨慎，牧养上帝的教会，就是祂用自己血所买来的"（徒 20：28）。

和所有初信的人一样，我把在人间的全部失望完全寄托于教会，每周渴望见到弟兄姊妹一起查经、一起交通、一起有对于主耶稣无尽的感恩与崇拜，每天遇到人时都利用一切机会传讲福音、分享耶稣基督、讨论神学问题、赠送《圣经》。由于教会人数的增长以及同工包括我本人都没有经过牧养方面的正式训练，除了把神学理解为"跟神学"，除了凭着在爱心中接纳、在恒心中祷告、在信心中传讲来带领之外，我也常常凭着自己的一方血气，不时与同工发生激励争论，然后道歉、宽恕、在回家的路上泄气，甚至想自家人一起在家庭敬拜而不去教会被伤害、被麻烦。1997年底的一个星期五晚上，我和妻子要到西门的白果林小区弟兄家带领查经。我灰心不想去、跑进厕所躲藏起来，妻子在门口弹起夏威夷吉他；我出来懒洋洋地躺在沙发上，妻说："我们一起祷告！"

几分钟后，我毫不情愿地做了默祷，完后听到有声音说："信靠祂的人，起来！"

屋里只有我们两个人，怎么会有男子的声音？我当即意识到是耶稣在向我说话，确知祂真是复活的主。于是，"起来"去查经。靠着这句话我继续带领教会，还因为读到彼得所写的经文："务要牧养在你们中间上帝的群羊，按着上帝旨意照管他们。不是出于勉强，乃是出于甘心；也不是因为贪财，乃是出于乐意；也不是辖制所托付你们的，乃是作群羊的榜样。到了牧长显现的时候，你们必得那永不衰残的荣耀冠冕。"（彼前5：2-4）

这些年来，我才逐渐明白耶稣之道的深意："信靠祂的人，就能够靠着祂站立起来！"所以，无论遇到什么令人绝望的事情，都满存盼望，相信耶稣基督作为圣子必在我个人、自然、社会与历史中掌权。耶和华乃是人生存其中的世界之主，是"万主之主"，是人生存于其中的世界之上的"上主"。

4. 圣灵的保守

另一方面，对于我们这个正在从前现代向现代转型的社会而言，我依然确信中国社会最需要人文启蒙。1999年的12月24日，我同好友罗坚合作，决定每周星期六在成都清代少城边的栅子街31号开办"三一书店"、主持学术讲座。到2001年初，书店名声大振，成为西部一张文化名片，几乎每周都有媒体报道，家中电话变为热线，甚至远播于"美国之音"。我鼓励同事将来把它开办到北京、上海去，开办到纽约、巴黎去。不过，是年三月，从中国人民大学考博回来，我发现所有媒体人似乎都忘记了自己，深深体会到徒有虚名的虚名徒有。

其间，每次主持讲座都有圣灵的引领。一些过度关心书店前途的老人在讲座期间以织毛衣为名，或者派来身着超短裙的美女呼呼大睡，完后故意提出让讲者难堪的难题，如"中国何时才能实现民主自由？""我们能否揭竿而起啊？"等。作为书店的学术主持，我竭力警醒，不落圈套。很多时候，讲座开始前圣灵便在心中提醒我不要同哪些人说话，或者说话途中被打住，以便授人以柄。2001 年 6 月，在我最后一次担任学术主持的讲座上，有人甚至设计陷阱、呼吁我作为他们的"革命导师"出场。我当时想到两千年前耶稣对彼拉多所说的话："我的国不属这世界；我的国若属这世界，我的臣仆必要争战，使我不至于被交给犹太人；只是我的国不属这世界。"断然辞去学术主持的职位，我也预感到书店不久将落下帷幕。

5. 圣父的护理

即便如此，我还是相信学问的价值，相信人类历史的逻辑根基在于基督教的"三位一体"的教义，在于其经典《圣经》的启示。借着国家进行行政机构改革的机会，我继续默默前行，到中国人民大学攻读基督教思想的博士学位，修古典希腊文、拉丁文。由于妻子下岗在家，还有从未上岗的农民父亲，我把全部带薪读书的工资留给家人，自己在北京通过写作或翻译自给自养。2003 年的一天夜里，皮包里只有两元钱的饭票了。我向天父呼求，祈求祂的护理临在。第二天中午，在我从食堂打饭返回寝室途中，刚要进入电梯时，接到深圳一位女士的来电，希望为她翻译《南山雕塑》的画册。回到宿舍，我知道是上帝通过她把祝福的手伸向我，心里充满无限感恩。她第二天就把一半的翻译费电汇过来，还以高酬邀请为其写作一篇评论文章。这位张爱民女士，直到 2011 年我们在四川省博物院才第一次见面。

那时，除了继续编辑出版《人文艺术》论丛外，我主要的精力都转向了新约研究。我把自己未来的人生归纳为五业：以信仰为基业、以学问为志业、以批评为事业、以教师为职业、以翻译为副业。到 2004 年，终于完成了《新约的历史逻辑》的博士论文，从语言观、时间观、正义观、信仰观四个方面探问《新约》的意涵。这就是 2011 年付梓出版的《新约的世界图景逻辑（第一卷）引论新约的历史逻辑》，虽然其中的大部分内容早已在学术期刊上发表，虽然我已经把"新约的历史逻辑"发展为现在的标题的所指。

回想自己所经历的三一上帝的拣选与恩典、经历的天父的护理、圣灵的保守、圣子的指引，实在是对约翰·牛顿的"奇异恩典"的见证："初信之时即蒙恩惠"。

即便如此，我现在偶尔还是感到"虚空的虚空，一切都是虚空"，迫切需要进入"成为我异象"的呼召：

Be Thou my Vision, O Lord of my heart；
Naught be all else to me, save that Thou art
Thou my best Thought, by day or by night，
Waking or sleeping, Thy presence my light。
恳求心中王，成为我异象，
万事无所慕，惟主是希望！
愿你居首位，日夜导思想
醒来或睡着，慈容作我光。

Be Thou my Wisdom,
and Thou my true Word；
I ever with Thee and Thou with me, Lord；
Thou my great Father, I Thy true son；
Thou in me dwelling, and I with Thee one。
成为我智慧，成为我箴言，
我愿常跟随，你作我良伴。
你是圣天父，我为你后嗣，
你住我心殿，我与你接连。

Riches I heed not, nor man empty praise，
Thou mine Inheritance, now and always：
Thou and Thou only, first in my heart，
High King of Heaven，
my Treasure Thou art。
财富非我求，虚荣非我慕，
主是我基业，一直到永恒。
惟有主基督，居我心首位，
他是天上王，胜珍宝权能。

High King of Heaven, my victory won，

May I reach Heaven's joys,

O bright Heaven's Sun！

Heart of my own heart, whatever befall，

Still be my Vision, O Ruler of all。

天上大君王，辉煌的太阳，

我赢得胜仗，天乐可分享。

境遇虽无常，但求心中王，

掌管万有王，永作我异象。

换言之，一切学问包括圣经研究若不以个人生命更新为目标，个人生命更新若不以荣耀耶稣基督的上帝为异象，那么，人又怎能摆脱虚空的困扰？"除了回到创造主的怀中，我们找不到安息！"

这首由无名的爱尔兰信徒写作于六至八世纪期间的诗歌，为人生的虚空给出了答案。"有异象而无使命，只是一个梦想；有使命而无异象，成了苦差事；有异象而又有使命，就是世界的希望。"一位作家如此写道。"没有异象，民就放肆；惟遵守律法的，便为有福！"（《箴言》29：18）愿我们在同耶稣基督的连接中更多地同创造我们的那一位天父上帝连接，愿我们在这个思想贫瘠的时代能够追求从上面而来的永恒的智慧。

因为，基督"在万有之先，万有也靠祂而立。祂也是教会全体之首，祂是元始，是从死里首先复生的，使祂可以在凡事上居首位"。愿我们的心得安慰，因爱心互相联络，以致丰丰足足在悟性中有充足的信心，使我们真知上帝的奥秘，就是基督耶稣，真知道所积蓄的一切智慧知识都在祂里面藏着（《歌罗西书》1：17-18、2：2-3）。

愿我们在感恩的泪水中继续呼求：

恳求心中王，成为我异象，

万事无所慕，惟主是希望！

……

（2011 年 8 月 1 日一稿、9 月 3 日二稿于波士顿，2021 年 8 月 23 日星期一修订；感谢北美华人基督教学会王忠欣博士提供写作机会）

1997 年后记

纯思是一条通向肉身贫困的路。它不以张扬思者的生存为使命，它追求思者将肉体生命拓展为意识的、精神的、文化的生命，并视神圣的明晰为其存在的遇所。

我们生逢一个思者缺席的时代，一个被技术和强权交替统治我们心灵的时代。不但思者在从共在者全体中退出，而且许多共在者以思为敌，以对思想的冷漠把思者投进虚无。但是，对那些被恩光照亮的人，他们的命运就是一如继往地思。因为只有在思中人类才能持守自己和动物的差别，因为思为人类现在所企达的智慧高度作见证。尽管思者不可能希望其他个体生命和自己赋有一样的思想之境，但我们需要敬仰思者。只有敬仰比我们更高的东西，我们的生命质量才能得到提升。

摆在读者面前的，正是我从 1993 年以来于纯思途中留下的踪迹，它属于那些渴望纯思或正在思想的人。当我完成了《日本历史的逻辑》的个案研究后，我深深感到有必要追问逻辑历史学的存在论题域。我取名本书副题为"逻辑历史学引论"，因为它是关于逻辑与历史的基础论。全部逻辑历史学，当然包括历史与逻辑的相关论和对世界历史的逻辑图景的阐明。只有那时，逻辑历史学才实现了它的使命。这需要无数思者献身于在纷繁杂乱的历史表象中自觉的追思。

此间，我的妻子刘丽和我共同忍受着摆脱思想贫困的艰辛。与今天那些依然以思为志业的人一样，我们只能把生存需求降到最低限度。所以，我以特别的心情感激她的恒久忍耐与善爱仁慈，更感激：我的朋友杨学功、蒋荣昌、陈朝伦诸君。我们于 1993 前一年一度的相遇，引发了我对许多问题的哲学性思考。其中，蒋荣昌的《历史哲学》无疑是一部关于历史逻辑的原创著作，他对真与伪关系的论述，启发了我有关伪真与本真的相关性言说；在我参加的四川联合大学"21世纪学术沙龙"中的成穷、李杰、余平、吴兴明、陈廷湘等半月一次关于人文学术的讨论会上，他们锐敏执着的言谈，一直激励我对本书后半部分的写作；我在艺术方面的观念，得益于我的艺术家朋友们如戴光郁、曾循、刘成英、诗人刘苏等的作品及和他们诚挚的对话；学友董志强、李亚东、熊良智除了给与我学理上的灵感外，还牺牲他们宝贵的时间为我查找了部分资料；我的老师四川师范大学的苏恒、高尔泰两位教授在攻读硕士学位期间的教诲，为我日后走上学术之路奠定了人生基础。总之，本书就是为一切指点、激励、帮助过我的老师、朋友、亲人而作。

1997年9月作者于蓉城

2006 年后记

有人通知领稿费，总是令人快慰的事情？！

国庆节过后，我满怀着喜悦来到北京大学中国学术城的办公楼，朋友递给我 200 元钱，说这就是我一部 42 万字书稿在学术城刊出后领取的稿费。我目瞪口呆一会儿，情不自愿地说："谢谢。"回到中国人民大学的宿舍，计算才知道原来每个字 0.04 分。我去信告知编辑："这是对学术的羞辱，商人既然办网站，就应当支付合理的稿费。"希望他将信的内容转给其负责人。其实，在去之前，我大致琢磨了一下，至少应当付 2000 元才合理，顺便设想了如何开支这笔巨款。时间为 2002 年。

此事让我回想起小学四年级（1977 年）挑煤卖的经历。我们一群小孩，每天早晨天不亮之前，便跟着大人到山里把煤运到长江边大石门的砖厂去卖。马不停蹄往返两个多小时，3.6 元一百斤，我每次挑 36 斤挣得约 1.3 元钱。由于路途遥远，太阳暴晒，每当要到达砖厂的时候，水田边不时有人把煤刨开加水，以便增加重量。我苦力一斤煤，相当于 25 年后写作 100 个字的稿费，毕竟后者还是轻松得多！时代在进步！

我小学时候的盼望，就是能够像村里的大哥哥那样穿一双解放军鞋。到了初三，父亲的确给我买了。不过，好景不长，一位同学趁我不在时，把它扔进沙溪中学旁边的水塘里。我暗暗地伤心了一个月，因为打架也干不过他，何况他是半个城里人，父亲为乡上干部。

大学时的盼望，主要在物质方面，虽然大一时（1983）精神方面渴望去解放在资本主义"黑暗"统治下精神空虚的人民。不过，社会悄悄在发生变化——那时流行穿一身牛仔装，我以此为自己的梦想。大学毕业前，我向一位在成都的朋友借了七十元钱，买了一身牛仔，笔挺挺的那种。穿着新衣，仿佛今天的大学生刚毕业就找到一份称心如愿的工作，满心喜悦流于言表。因为，这是我20年来第一次穿上新装。

当然，20世纪80年代，毕竟是一个理想主义的时代。我当时的又一个梦想，就是成为有思想的人。为此，我付出了巨大的代价。

在《日本历史的逻辑》出版（1995）后，我心中感到由衷的自豪。因为，至少在中国大陆，少有在28岁便出版了专著的学人。我从1993年起，停薪留职在家一心准备着GRE的考试，希望能够到美国深造。一天黄昏，我来到四川省展览馆石梯角落处的弘文书局，看到同龄的莫伟民先生，出版了研究福柯哲学思想的专著《主体的命运》，而且主要文献都是依据法语。我迅速做出决断，回到单位完成我两年来一直孕育想写作的专著《历史与逻辑》。

从1995-1997年，我每天在办公室里写作此书。我告诉家里年老的父亲和勤俭持家的妻子，希望他们支持我的写作。我说你们尽量在生活中节约，我要花大部分时间来读书创作。我愿生活更艰辛一些，常常自己在单位下面条吃。一位从美国来文史馆查询资料的博士候选人，看见我晚上吃中午剩下的冷面的情景，不禁感慨万千。在写作过程中，我决定不用形容词和副词，因为它们在表达人的思想的时候，具有不准确的特征；同时，我相信人的每个思想、意识都能够用唯一的语言来表达。无论多么精彩的思想，只要和文章无关都毫不留情地删除。这是我从研究生导师高尔泰先生获得的训教。遵从这种写作原则，两年下来，我发现自己的日常语言里已经没有形容词、副词了，深知这是因为其间多用生命理智思维的结果，自己的生命情感处于后景置入状态。不过，在众人下海的时代，毕竟还是完成了一部厚厚的书稿。

这就是我把盼望变成文字的过程，正好昨晚做了一个梦：高中的物理老师站在大学讲坛上，为十多位学生预备了药。当我问及两位同学的药时，他很不耐烦地说："这不关你的事！"于是罚我上前写作文。我首先构思了一篇要宽恕的文章，然后发现最好写作"我的盼望"。不知为什么，我在黑板上怎么也写不出来，仿佛粉笔落在玉米棒上，光滑得不粘。当我醒来，原来发现那些文字写在这个后记里。

不过，今天凡是真想寻求真理的人，有谁不会说"这不是奢侈多余的梦想呢"？

　　《历史与逻辑》完成后，我从学理上发现：基督信仰的三位一体教义对理解人类历史的重要性。因为，尤其在 20 世纪的人类历史中，一方面在德国、日本这样的有神论国家出现把元首神化的现象，另一方面在前苏联、南斯拉夫等无神论国家却发生对领袖的偶像崇拜。这究竟是为什么呢？在逻辑上，按照基督教的理解，世界的秩序从低到高乃是物质、植物、动物、人、耶稣基督、上帝，一个不信仰三位一体中耶稣基督的人，他面临两种选择：一是向上把自己神化成为上帝本身，一是向下把自己物化堕落为物（物质、植物、动物）；没有对耶稣基督存在的信仰，人就只能有这两种出路。这是我在 2001 年到中国人民大学研究"新约的历史逻辑"的根本原因。

　　此外，在友人资助、自费出版了《日本历史的逻辑》后，我将其寄给国内研究哲学与日本思想历史的学者，并以昂贵的邮资寄往日本与美欧一些有汉学研究的图书馆，除了少数几位认真回复或表示感谢的图书馆员的回信外，大部分人都保持了沉默。回信中有肯定历史逻辑的探索的价值的、也有对此提出了疑问认为历史没有逻辑可言的前辈学者。但是，其学术反响，却完全在我的意料之外，我才明白人文学术在当代的所谓社会文化层面永远衰落了。

　　当代是一个图像传媒时代，为了扩大学术思想对社会的影响，我决定用一部分时间开始从事艺术批评，企图以艺术作品为媒介发表对当代文化问题的看法。这种学术视野的扩展转向，除了传统学术的影响力逐渐淡出当代社会外，还有我个人遭遇的 6・30 事件所致。

　　1997 年 6 月 30 日星期五，在举国欢庆香港回国的日子，我在下班回家途中，遭遇两个暴徒用砖头一顿暴打。经过一位出租司机的协助，我一身血透把其中一个扭到派出所，然后一位残疾人用三轮车把我送到医院，头部缝合十二针，伤口一个月后愈合。我向在媒体工作的朋友求助，他们回答这个时候不可能来报道这种区区小事，何况你没有受重伤。我在律师界的朋友张世华先生，义务派律师调查事件的经过，因为此前有人以七一放假要到文史馆买书的名义到我家里辨认我的长相，因为在下班前几十分钟还接到同样的电话要求，因为那时我被选为小区业主代表多次与开发商交涉物业管理的不合法事项，因为此前电视媒体还对之加以曝光。

　　随后两年，我每周去派出所要求对该事件展开调查。办案民警总是搪塞推托。在给市长写信请求过问此事后，他态度热情异常，但照就不作为。于是，我决定放弃此事件的追究，天真地想："要是自己是一个名人就好了！"
这便是我转向艺术批评的外部原因。

当年 10 月，我在都江堰主持了"本源·生命"艺术展。其传播效果非同
寻常，中央电视台、四川电视台卫视栏目、《中国环境报》或拍专题或专题采
访。《成都商报》连续四天报道，并开通热线和读者讨论装置、行为艺术。该
报一位在场的记者余留文先生告诉我：他从未见过从上到下自发有十多家媒
体对一个艺术事件展开如此深入的报道场面。很久后得知：在泰国旅行的一
位加拿大朋友，也看到了四川电视台卫视栏目的专题报道。名声的巨大诱惑，
是我后来连续参与一些艺术活动的原因，同时我基本上每周在报纸上发表书
评与社会评论的文章，1999 年创办了《人文艺术》论丛。我到过一些地方，
不时有人说读过我写作的文章。在我的记忆里，他们只能是从报纸上看到的，
因为，我的学术论文当时只发表了几篇。

报刊文章属于形而下的写作，一个观点，准确的材料，轻松幽默的文风；
艺术评论属于形而中的写作，一个观念，准确的描述，不用注释的文字；历
史逻辑属于形而上的写作，系统的原初思想，严谨的表述，言必有据的推论。
它们有不同的读者市场，因而有不同的写作要求方式。在对社会产生不同的
影响方式上，名人必须还要选择形而下的写作；作家多致力于形而中的写作；
传统的大学教授为形而上的写作，再加上培养学生贡献于社会。汉语学界的
大部分学者，仅仅停留在第三个层面同社会发生关系。难怪要么归附于体制、
要么被边缘化！

《历史与逻辑》只能归入形而上的写作，其十年不能出版也是很自然的
事情。

1998 年，我把书稿打印出来，希望能够尽快出版，于是把目录、论题概
要、样章寄给叶秀山先生，他答应愿意向三联·哈佛燕京学术丛书推荐，让
把书稿给他。后来他回复自己不便推荐，并说有苏国勋先生的推荐已经足够
分量；苏先生接到书稿后，发现是一部研究时间的书，随即给生活·读书·
新知三联书店负责哈佛燕京学术丛书的编辑许医农女士去电话，热情推荐将
此书纳入丛书。另一位审稿人为北京大学研究中国哲学的教授。三联·哈佛
燕京学术丛书，虽然公开向学界征稿，而且要求两位专家的推荐，不过全部
学术委员的力量，还不及一位编辑。前者有推荐权，后者有否决权。否定的
力量毕竟大于肯定的力量。我在电话中询问书稿的事情，许女士严厉指责我

私下去找张立文先生写推荐信。我说那是你们在公开征稿函中所要求的做法。后来，她回信说：每个出版社都有自己的出版标准，让我同其他出版社继续联系。

我当然要同其他出版社联系。其实，我最早亲手在成都把一份校稿交给上海三联书店的著名编辑倪为国先生，其命运可想而知了。2001 年我在北京"宗教与科学"国际论坛会上，当面问及书稿一事，倪先生说现在不可能出版，随后会将其退还。我又几次去信催促，至今未归还；由于 1994 年有过把《日本历史的逻辑》给他而无消息的经验，所以我留下底稿。同时，将另一份书稿委托在京读书的友人杨学功先生，交到友人刘小枫推荐的人民出版社的编辑方鸣先生手头。一年后再问及此事，方先生说因为搬迁办公室，他已经不记得了，书稿早不知去向。学功回忆说：他在人民出版社的某层楼梯处把书稿递给方先生的。不过，这种行为，比起商务印书馆的一位编辑在拿到相关材料后的当天，就扔到一个学术会议的座位上更文明、更道德。到了 2001 年，黄克剑先生将其推荐给中国青年出版社，得到的回音说其读者面太少。

无论怎样，虽然人生只有几个十年，但是，我还是要感谢在京读书的友人杨学功、陈德中二君，辛勤传递这部书稿；谢谢苏国勋先生、张立文先生、黄克剑先生、余虹先生、吴兴明先生，曾经热情地直接或间接向出版社推介此书。更感谢创造一切的那一位，祂把身体的康健赐予我的家人，也让我的肉身得以安然居住。比起职称、名誉、课题，还有什么祝福能够超过一颗在患难中依然喜乐的心呢？

查常平 2006 年 9 月 12 日上午于成都澳深古镇

2020 年后记

如果我在武汉，如果我被感染冠状病毒，若无上帝保守，必死无疑。所以，我们能够活着，其实都是出于三一上帝诸般的慈爱和无限的恩典。这是我在 2020 年 2 月 18 日星期二晚上所想到的。

> 人活着就是一种奇迹
> 人人都是幸存者
> 人类永远是灾难的主角
> 就因为我们是人
> 我们是人
> 小心！一不小心
> 我们便可能会成为灾难的同谋[1]

正是从 2 月 11 日瘟疫正在猖狂肆掠神州的时候开始，我着手修订此书。此间，从武汉传出来的消息，除了底层百姓悲惨的嚎叫与绝望的求助、医生护士的无奈与网络求援、有权阶层的霸道蛮变、红十字会的冷漠无能外，就是在社会治理上的系统混乱与持续短视。尽管在 2 月 20 日后，这样的状况有所改变。但是，这次参与救援的不少人，缺乏基本的系统思维能力与前瞻性的预见能力，缺乏形上的思辨力与艺术的想象力，更缺乏宗教所呼唤的担当力。这几种能力，既是我 1987 年报考美学研究生时，又是我多年以来前期所从事的历史逻辑（1990-2007）、后期所探究的世界图景逻辑理论在学术上的质

1　参见诗歌《重量》，芒克：《一年只有六十天》，南京：译林出版社，2018 年，第 165 页。

素要求与价值所在。事实上，正是形上、艺术、宗教在人的意识生命中生成的原初观念、原初形式、原初信仰，引导人脱离其来自于作为肉体生命的动物性的辖制，进入与在上的神圣存在相关联的全人存在中。这种全人存在，融汇了人作为语言生命体、时间生命体、意识生命体、肉体生命体、精神生命体、文化生命体、灵性生命体的种种面向，把人置于人言关系、人时关系、人我关系、人物关系、人人关系、人史关系、人神关系中，进而生成人的整全的世界图景逻辑。人由此在自然面前生成为主体生命、在社会乃至历史中生成为个体生命、在自我里生成为我体生命。整全的人，因而也是主体生命、个体生命、我体生命的三一存在者。相反，思想者若没有整全的世界图景逻辑的观念诉求，其在教育上就很难培养出同时具有形上思辨力、艺术想象力与宗教担当力的学人，培养出同时具有求真、从善、审美的科学家，更不可能在社会层面上塑造出具有这样质素的公务员、知识人、文化人乃至普通市民。

本卷《历史与逻辑：逻辑历史学引论》，由于笔者刚到四川大学宗教所工作两年与小信，2007 年曾经以《历史与逻辑——作为逻辑历史学的宗教哲学》之名出版，并通过补写"引言——历史逻辑研究的三重定位"给出了如此改名的反思性理由。1997 年完成的书稿中，"意识生命存在的逻辑"，还包括"文化的逻辑（文化心理）、全超验的形而上学、先验艺术论、体验宗教论"、作为学问形态之一的"美学"；"精神生命共在的逻辑"，内含"文化的逻辑（文化精神）"部分。由于篇幅太大，它们作为主体内容被纳入《人文学的文化逻辑——形上、艺术、宗教、美学之比较》（修订本，花木兰，2021）中。在此，笔者特别向有心的读者说明。换言之，所谓"逻辑历史学引论"，还应包括《人文学的文化逻辑——形上、艺术、宗教、美学之比较》一书。同时，趁着这次修订出版之际，笔者将本卷恢复其原有的副标题，以表明最初的学术愿景，尽管它的确是基于一种宗教哲学的理解，尽管它在人我关系中、在人的自我意识与超我意识之间有"体验宗教论"的探究。

在言述文体上，本书带有强烈的形上思辨特征，禀承德国古典哲学的思想传统与亚里士多德的修辞传统。其系统逻辑慎密，论证环环相扣、丝丝入微。笔者在写作、修订时以寻求思想上的唯一表达为目标，竭力摒弃形容词、副词。而且，在当时笔者的心中，句句都有具体而确定的所指，并非像有些读者所说的那样仅仅是从概念到概念的推演。由于时隔近二十五年，不少语句的具体所指已经难以记起，因而在修订时竭力保持原样。

2007 年版付梓时，除将"祂"被迫修改为"终极信仰""向祂性"改为"指向终极信仰"或"向终极性"外，还被删除了超过五分之一的篇幅，包括论及神人关系的基督教神学与批判中国传统思想的内容。所以，一些读者在阅读时总是难免产生段落间生硬断裂、段落末尾戛然而止之感。这次修订再版，恢复其完整版原貌，在个别语句与段落表述上更加准确明晰，同时避免用2007 年后提出的"世界图景逻辑理论"去完善前期的"逻辑历史学"。在广义上，笔者 2004 年完成的博士论文《新约的历史逻辑》，虽然以《新约的世界图景逻辑（第一卷）引论新约的历史逻辑》（上海，2011）之名问世，但它依然属于具体把"逻辑历史学"应用于《新约》研究的成果。适当的时候，笔者在推出《新约的世界图景逻辑（第二卷）：马可福音》时将出版《世界图景逻辑论》，以补足"新约的世界图景逻辑"的基础论内容。令人欣慰的是，其艺术版已经展开在"世界图景逻辑批评"的写作中，有两卷本的《中国先锋艺术思想史》（上海，2017）、《当代艺术的人文批评》（南京，2019）、《人文批评中的生态艺术》（上海，2021）问世。换言之，笔者是在致力于世界图景逻辑批评的同时，互动地建构着世界图景逻辑理论。所有这些，都是对上段所说的如何培育人的艺术想象力与哲学思辨力的回应。

在《日本历史的逻辑》的"导论"中，笔者从时间逻辑、正义逻辑、信仰逻辑、语言逻辑来审视日本历史的逻辑本身，基于手头掌握的历史文献的限制，正文仅仅展开了日本每个时代的正义逻辑与信仰逻辑，结语批判了日本历史在普遍性方面的阙如。这里，已经有"作为人文科学基础的逻辑历史学"（《日本历史的逻辑》，成都：四川人民出版社，1995 年，第 2-3 页）的萌芽。当时，笔者只是从"历史逻辑"的角度讨论上述四种逻辑："在历史逻辑的历史逻辑性中有历史正义逻辑与历史信仰逻辑，在历史逻辑的逻辑历史性中有历史时间逻辑。三种逻辑相关构成历史逻辑。时间逻辑为历史给出源始场所，正义逻辑把历史引向合法的价值之路，信仰逻辑指导历史在终极意义上趋向合理性。此外，历史逻辑还得有通向正义的语言作工具。……语言逻辑为历史逻辑的客观显现贡献手段。历史逻辑的四元逻辑性，是一切历史历史化的原初向度。它们互为相关、间隔显现历史全性。"（同上，第 19-20 页）这明显带有 20 世纪 80 年代汉语学界将历史与逻辑相统一的研究路径的痕迹，属于其"效果历史"的一部分。

为了进一步展开人文科学的"基础"论，笔者随后完成了《历史与逻辑：逻辑历史学引论》，以"时间历史论"与"价值逻辑论"来展开上述时间逻辑与信仰逻辑的内涵，指出"普遍时间"与"普遍价值"对形成个别的时间历史相与价值逻辑相的根源性。尽管在心理价值逻辑中有对符号、象征、指使三种语言的区分以及如何分别构成学问形态与精神样式的语言特征的论述，尽管在社会价值逻辑中有对社会正义的讨论，但总体而言，还是很少直接涉及语言逻辑与正义逻辑本身的内容。正因为如此，在《新约的世界图景逻辑（第一卷）引论新约的历史逻辑》中，笔者有关于历史与逻辑两个概念范畴的系统阐释，认为任何历史文本都是由语言观、时间观、正义观、信仰观之要素与逻辑秩序构成（第62-82页），并从此展开新约的全部文本中与之对应的内容。实质上，之前的"价值逻辑论"，同该书中关于逻辑的三重涵义相关，即"价值逻辑论"中的"逻辑""价值""论"三个概念分别对应于逻辑本身作为"神言""人言""方法"的涵义。价值论是人系统的差别性言说，逻辑论为上帝系统的差别性言说。

在笔者的学术生涯中，2007年构成前期的"逻辑历史学"与后期的"世界图景逻辑理论"的分水岭。正是同年在香港中国神学研究院访学期间，笔者意识到必须把"马可福音的历史逻辑"研究往前推进到"马可福音的世界图景逻辑"研究，进而产生了"世界图景逻辑理论"的基本构想，渐渐更新了原本打算写作的《语言与世界》的想法，将其纳入更加整全的"世界图景逻辑理论"中，使其作为"人言关系中的语言逻辑"而和其他的"人时关系中的时间逻辑、人我关系中的自我逻辑、人物关系中的自然逻辑、人人关系中的社会逻辑、人史关系中的历史逻辑、人神关系中的神圣逻辑"相并列。这将成为《世界图景逻辑论》的基本内容。

《历史与逻辑——作为逻辑历史学的宗教哲学》《人文学的文化逻辑——形上、艺术、宗教、美学之比较》两书出版后，或许是因为对读者的逻辑直观力的强要求，并没有引起汉语学界该有的回应。更有趣的是：笔者2011年于香港中国神学研究院访学期间在学校处理的旧书中暗暗捡回了曾经签名送给友人的一套；同时，2014年春天京都樱花盛开前，笔者带了一套送给同志社大学图书馆。一天，邮递员敲开了我在京都郊外的住所，递给我一个邮包，兴致勃勃地打开一看，原来是我送给图书馆的这两本书以及《新约的世界图景逻辑（第一卷）引论新约的历史逻辑》。邮递员提醒我需要支付邮费。我用流畅的日本语回答："对不起，图书馆有不收我的礼物的权力，但我也有不支付退回礼物的邮费的权力。请你退回原处，我改天直接从那里取回。"后来，我在 5 月离开日本时将它们交给友人处理。所有这些经历，比起李文亮等几千同胞在瘟疫中的苦难离世都算不得什么！唯愿这次的完整修订版不要有同样的不幸经历！更愿在我寄送的朋友中不要有人收到快递打开后直接扔进小区的垃圾桶。不过，即使这样的祈愿落空，我依然会继续书写，因为任何学者的写作首先是对永恒创造者创造、救赎、复和生命的感恩回应，其次才是面对人类同在者全体，或许是其中的几位！除了要展开"我读故我在"的向度外，学者的生命还有"我写故我在"之向度。

我们的眼界，总高不过额头！

我们对他者的思想的理解，有时如同前后对着两面镜子看自己的后脑勺，但那究竟是自己的还是在镜子中的，我们甚至不甚了了。但愿此书的读者，能够在这个微阅读的时代常常拿起两面镜子观照书中对人的认识，进而更深地认识自己的存在所依赖的存在者——时间、历史、价值、逻辑——对自己不可或缺的意义！感谢一生使我有益无损的才德的妻子刘丽！感谢毕聪聪、丁满仔细校对书稿！

书中"社会伦理学之思""社会政治学与社会经济学""社会法学"部分，曾经分别发表在《西南民族学院学报》（1999，2000）、《社会科学研究》（2001）杂志上。特别感谢其编辑蒋荣昌、王珏、何进平当年能够刊载这组关于社会学的论文。

本书修订从 2020 年 2 月 11 日开始，每天约一小时，5 月 23 日结束。其间，从 4 月 18 日到 5 月 16 日，笔者主要还致力于编辑《人文批评中的生态艺术》一书。其后还断断续续进行修订一年多时间，引用不少当代诗歌，与原本比较形而上的文本形成一种互动的诠释效应。但愿春天流泪撒种的，秋天能够有少许收获！

　　　　2020 年 2 月 20 日第一稿，2021 年 8 月 10 日定稿于澳深古镇

《基督教文化研究丛书》

主编：何光沪、高师宁

（1-8 编书目）

初　编　（2015 年 3 月出版）

ISBN：978-986-404-209-8　　　　　　　　定价（台币）$28,000 元

册　次	作　者	书　名	学科别（／表示跨学科）
第 1 册	刘　平	灵殇：基督教与中国现代性危机	社会学／神学
第 2 册	刘　平	道在瓦器：裸露的公共广场上的呼告——书评自选集	综合
第 3 册	吕绍勋	查尔斯·泰勒与世俗化理论	历史／宗教学
第 4 册	陈　果	黑格尔"辩证法"的真正起点和秘密——青年时期黑格尔哲学思想的发展（1785 年至 1800 年）	哲学
第 5 册	冷　欣	启示与历史——潘能伯格系统神学的哲理根基	哲学／神学
第 6 册	徐　凯	信仰下的生活与认知——伊洛地区农村基督教信徒的文化社会心理研究（上）	社会学
第 7 册	徐　凯	信仰下的生活与认知——伊洛地区农村基督教信徒的文化社会心理研究（下）	
第 8 册	孙晨荟	谷中百合——傈僳族与大花苗基督教音乐文化研究（上）	基督教音乐
第 9 册	孙晨荟	谷中百合——傈僳族与大花苗基督教音乐文化研究（下）	

册次	作者	书名	学科别
第 10 册	王 媛	附魔、驱魔与皈信——乡村天主教与民间信仰关系研究	社会学
	蔡圣晗	神谕的再造，一个城市天主教群体中的个体信仰和实践	社会学
	孙晓舒 王修晓	基督徒的内群分化：分类主客体的互动	社会学
第 11 册	秦和平	20 世纪 50－90 年代川滇黔民族地区基督教调适与发展研究（上）	历史
第 12 册	秦和平	20 世纪 50－90 年代川滇黔民族地区基督教调适与发展研究（下）	
第 13 册	侯朝阳	论陀思妥耶夫斯基小说的罪与救赎思想	基督教文学
第 14 册	余 亮	《传道书》的时间观研究	圣经研究
第 15 册	汪正飞	圣约传统与美国宪政的宗教起源	历史／法学

二 编　　（2016 年 3 月出版）

ISBN：978-986-404-521-1　　　　　　　定价（台币）$20,000 元

册　次	作　者	书　名	学科别（／表示跨学科）
第 1 册	方 耀	灵魂与自然——汤玛斯·阿奎那自然法思想新探	神学／法学
第 2 册	刘光顺	趋向至善——汤玛斯·阿奎那的伦理思想初探	神学／伦理学
第 3 册	潘明德	索洛维约夫宗教哲学思想研究	宗教哲学
第 4 册	孙 毅	转向：走在成圣的路上——加尔文《基督教要义》解读	神学
第 5 册	柏斯丁	追随论证：有神信念的知识辩护	宗教哲学
第 6 册	李向平	宗教交往与公共秩序——中国当代耶佛交往关系的社会学研究	社会学
第 7 册	张文举	基督教文化论略	综合
第 8 册	赵文娟	侯活士品格伦理与赵紫宸人格伦理的批判性比较	神学伦理学
第 9 册	孙晨荟	雪域圣咏——滇藏川交界地区天主教仪式与音乐研究（增订版）（上）	基督教音乐
第 10 册	孙晨荟	雪域圣咏——滇藏川交界地区天主教仪式与音乐研究（增订版）（下）	
第 11 册	张 欣	天地之间一出戏——20 世纪英国天主教小说	基督教文学

三 编 （2017 年 9 月出版）

ISBN：978-986-485-132-4　　　　　　　　　　定价（台币）$11,000 元

册 次	作 者	书 名	学科别（／表示跨学科）
第 1 册	赵 琦	回归本真的交往方式——托马斯·阿奎那论友谊	神学／哲学
第 2 册	周兰兰	论维护人性尊严——教宗若望保禄二世的神学人类学研究	神学人类学
第 3 册	熊径知	黑格尔神学思想研究	神学／哲学
第 4 册	邢 梅	《圣经》官话和合本句法研究	圣经研究
第 5 册	肖 超	早期基督教史学探析（西元 1~4 世纪初期）	史学史
第 6 册	段知壮	宗教自由的界定性研究	宗教学／法学

四 编 （2018 年 9 月出版）

ISBN：978-986-485-490-5　　　　　　　　　　定价（台币）$18,000 元

册 次	作 者	书 名	学科别（／表示跨学科）
第 1 册	陈卫真 高 山	基督、圣灵、人——加尔文神学中的思辨与修辞	神学
第 2 册	林庆华	当代西方天主教相称主义伦理学研究	神学／伦理学
第 3 册	田燕妮	同为异国传教人：近代在华新教传教士与天主教传教士关系研究（1807~1941）	历史
第 4 册	张德明	基督教与华北社会研究（1927~1937）（上）	社会学
第 5 册	张德明	基督教与华北社会研究（1927~1937）（下）	
第 6 册	孙晨荟	天音北韵——华北地区天主教音乐研究（上）	基督教音乐
第 7 册	孙晨荟	天音北韵——华北地区天主教音乐研究（下）	
第 8 册	董丽慧	西洋图像的中式转译：十六十七世纪中国基督教图像研究	基督教艺术
第 9 册	张 欣	耶稣作为明镜——20 世纪欧美耶稣小说	基督教文学

五　编　（2019 年 9 月出版）

ISBN：978-986-485-809-5　　　　　　　　定价（台币）$20,000 元

册　次	作　者	书　名	学科别（／表示跨学科）
第 1 册	王玉鹏	纽曼的启示理解（上）	神学
第 2 册	王玉鹏	纽曼的启示理解（下）	
第 3 册	原海成	历史、理性与信仰——克尔凯郭尔的绝对悖论思想研究	哲学
第 4 册	郭世聪	儒耶价值教育比较研究——以香港为语境	宗教比较
第 5 册	刘念业	近代在华新教传教士早期的圣经汉译活动研究（1807～1862）	历史
第 6 册	鲁静如王宜强编著	溺女、育婴与晚清教案研究资料汇编（上）	资料汇编
第 7 册	鲁静如王宜强编著	溺女、育婴与晚清教案研究资料汇编（下）	
第 8 册	翟风俭	中国基督宗教音乐史（1949 年前）（上）	基督教音乐
第 9 册	翟风俭	中国基督宗教音乐史（1949 年前）（下）	

六　编　（2020 年 3 月出版）

ISBN：978-986-518-085-0　　　　　　　　定价（台币）$20,000 元

册　次	作　者	书　名	学科别（／表示跨学科）
第 1 册	陈倩	《大乘起信论》与佛耶对话	哲学
第 2 册	陈丰盛	近代温州基督教史（上）	历史
第 3 册	陈丰盛	近代温州基督教史（下）	
第 4 册	赵罗英	创造共同的善：中国城市宗教团体的社会资本研究——以 B 市 J 教会为例	人类学
第 5 册	梁振华	灵验与拯救：乡村基督徒的信仰与生活（上）	人类学
第 6 册	梁振华	灵验与拯救：乡村基督徒的信仰与生活（下）	
第 7 册	唐代虎	四川基督教社会服务研究（1877～1949）	人类学
第 8 册	薛媛元	上帝与缪斯的共舞——中国新诗中的基督性（1917～1949）	基督教文学

七 编 （2021 年 3 月出版）

ISBN：978-986-518-381-3　　　　　　　　定价（台币）$22,000 元

册　次	作　者	书　名	学科别（／表示跨学科）
第 1 册	刘锦玲	爱德华兹的基督教德性观研究	基督教伦理学
第 2 册	黄冠乔	保尔. 克洛岱尔天主教戏剧中的佛教影响研究	宗教比较
第 3 册	宾静	清代禁教时期华籍天主教徒的传教活动（1721～1846）（上）	基督教历史
第 4 册	宾静	清代禁教时期华籍天主教徒的传教活动（1721～1846）（下）	
第 5 册	赵建玲	基督教"山东复兴"运动研究（1927～1937）（上）	基督教历史
第 6 册	赵建玲	基督教"山东复兴"运动研究（1927～1937）（下）	
第 7 册	周浪	由俗入圣：教会权力实践视角下乡村基督徒的宗教虔诚及成长	基督教社会学
第 8 册	查常平	人文学的文化逻辑——形上、艺术、宗教、美学之比较（修订本）（上）	基督教艺术
第 9 册	查常平	人文学的文化逻辑——形上、艺术、宗教、美学之比较（修订本）（下）	

八 编 （2022 年 3 月出版）

ISBN：978-986-404-209-8　　　　　　　　定价（台币）$45,000 元

册　次	作　者	书　名	学科别（／表示跨学科）
第 1 册	查常平	历史与逻辑：逻辑历史学引论（修订本）（上）	历史学
第 2 册	查常平	历史与逻辑：逻辑历史学引论（修订本）（下）	
第 3 册	王澤偉	17～18 世纪初在華耶穌會士的漢字收编：以馬若瑟《六書實義》為例（上）	语言学
第 4 册	王澤偉	17～18 世纪初在華耶穌會士的漢字收编：以馬若瑟《六書實義》為例（下）	
第 5 册	刘海玲	沙勿略：天主教东传与东西方文化交流	历史

第 6 册	郑媛元	冠西东来——咸同之际丁韪良在华活动研究	历史
第 7 册	刘影	基督教慈善与资源动员——以一个城市教会为中心的考察	社会学
第 8 册	陈静	改变与认同：瑞华浸信会与山东地方社会	社会学
第 9 册	孙晨荟	众灵的雅歌——基督宗教音乐研究文集	基督教音乐
第 10 册	曲艺	默默存想，与神同游——基督教艺术研究论文集（上）	基督教艺术
第 11 册	曲艺	默默存想，与神同游——基督教艺术研究论文集（下）	
第 12 册	利瑪竇著、梅謙立漢注 孫旭義、奧覓德、格萊博基譯	《天主實義》漢意英三語對觀（上）	经典译注
第 13 册	利瑪竇著、梅謙立漢注 孫旭義、奧覓德、格萊博基譯	《天主實義》漢意英三語對觀（中）	
第 14 册	利瑪竇著、梅謙立漢注 孫旭義、奧覓德、格萊博基譯	《天主實義》漢意英三語對觀（下）	
第 15 册	刘平	明清民初基督教高等教育空间叙事研究——中国教会大学遗存考（第一卷）（上）	资料汇编
第 16 册	刘平	明清民初基督教高等教育空间叙事研究——中国教会大学遗存考（第一卷）（下）